그리스도의 삼중직: 왕, 제사장, 선지자

그리스도의 삼중직: 왕, 제사장, 선지자

초판 1쇄 발행   2025년 3월 25일

지은이	송진영
펴낸이	신은철
펴낸곳	좋은씨앗
출판등록	제4-385호(1999. 12. 21)
주소	서울시 서초구 바우뫼로 156(MJ 빌딩), 402호
주문전화	(02)2057-3041
주문팩스	(02)2057-3042

www.facebook.com/goodseedbook

ISBN 978-89-5874-414-6 04230

ⓒ 송진영 2025

이 책의 저작권은 저자와 독점계약한 도서출판 좋은씨앗에 있습니다.
신저작권법에 의하여 보호를 받는 저작물이므로 무단 전재와 복제를 금합니다.

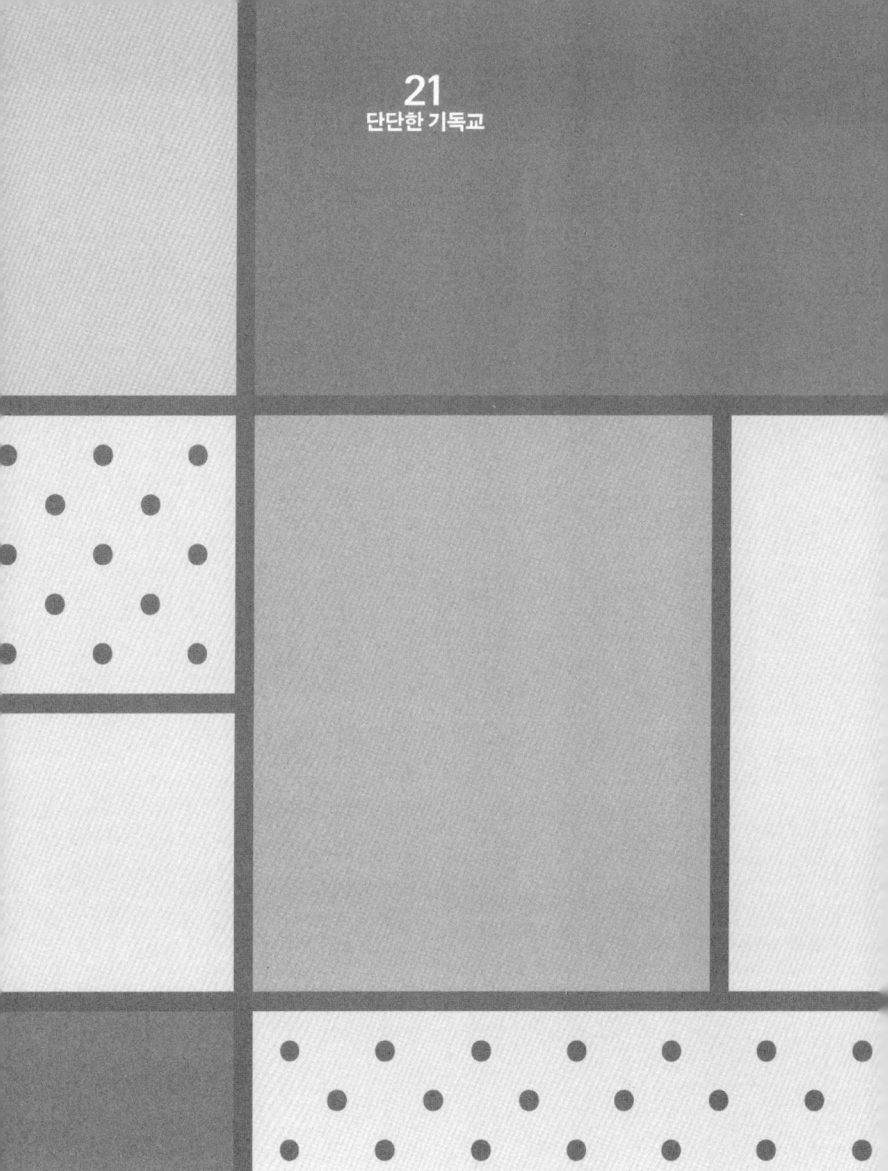

그리스도의 삼중직: 왕, 제사장, 선지자

송진영

좋은씨앗

차례

추천의 글 • 6

들어가는 글 • 9

✳

1. 구원자로 오신 예수님 • 15
2. 기름부음을 받은 자 • 31
3. 왕이신 그리스도 • 51
4. 제사장이신 그리스도 • 75
5. 선지자이신 그리스도 • 105
6. 당신에게 예수님은 그리스도입니까? • 129

✳

미주 • 148

참고문헌 • 150

추천 도서 • 151

• 추천의 글 •

'단단한 기독교' 시리즈에 걸맞은 또 하나의 책이 송진영 목사의 손에서 나오게 된 것을 기쁘게 생각합니다. 예수님이 그리스도라는 사실을 모르는 신자들은 거의 없겠지만 그 내용을 제대로 이해하고 바르게 설명할 수 있는 이는 그렇게 많지 않을 것입니다. "예수님은 그리스도입니다"라고 고백할 때 신자들은 무엇을 생각할까요? 이 책은 그에 대한 성경적인 가이드를 해줍니다. 또한 이 책은 그리스도가 직분자이심을 우리에게 다시 한 번 상기시켜 줍니다. 왕으로서, 제사장으로서, 선지자로서 그분을 제대로 이해하지 못한다면, "예수님은 그리스도입니다"라는 신앙고백은 껍데기에 불과합니다. 이제껏 그리스도에 대한 막연한 신앙을 가지고 있었다면, 이 책은 성경과 교리문답서와 신앙고백서를 통하여 예수 그리스도에 대한 단단한 신앙의 고백으로 우리를 인도해 줄 것입니다.

이성호 고려신학대학원 역사신학 교수, 『직분을 알면 교회가 보인다』 저자

예전에 한 신학자(폴 밀러)가 이런 말을 한 적이 있습니다. "성도는 교회를 먹고 사는 것이 아니라 그리스도를 먹고 산다." 말인즉슨, 실제로 성도들의 영혼을 살찌우고 건강하게 하며 교회를 세우는 것은 그리스도 그 자신이기에, 교회를 세우고 성장시키려 하기보다는 성도들에게 그리스도를 설명하고 자랑하며 먹이라는 의미입니다. 그렇다면 저자의 이 책이야말로 성도들을 위한 먹거리입니다. 이 책은 풍성한 성경적 예증으로 넘쳐나며, 신앙고백서에 단단히 뿌리박혀 있고, 저자 자신의 경험적 고백으로 가득합니다. 저자는 성경이 말하는 예수님의 '그리스도이심'을 충실히 설명한 후, 우리에게 예수님이 진정 우리의 그리스도이신지를 묻고 되돌아보게 합니다. 그것은 우리 삶의 수많은 우상들을 치워내고, 마음을 그분께로 향할 수 있도록 도울 것입니다.

이정규 시광교회 담임목사, 『회개를 사랑할 수 있을까』 저자

들어가는 글

교회를 오래 다닌 분이라면 누구나 알 만한 내용이 마태복음 16장에 나옵니다. 베드로가 예수님에 대한 신앙고백을 하는 장면입니다.

> 예수께서 빌립보 가이사랴 지방에 이르러 제자들에게 물어 이르시되 사람들이 인자를 누구라 하느냐 이르되 더러는 세례 요한, 더러는 엘리야, 어떤 이는 예레미야나 선지자 중의 하나라 하나이다 이르시되 너희는 나를 누구라 하느냐 시몬 베드로가 대답하여 이르되 주는 그리스도시요 살아 계신 하나님의 아들이시니이다(마 16:13-16).

"주는 그리스도시요 살아 계신 하나님의 아들이시니이다." 그런데 베드로가 신앙고백을 하던 그 지역의 이름이 예사롭지 않습니다. '빌립이 세운 가이사랴'라는 뜻의 빌립보 가이사랴였습니다. 본래 이곳은 로마 황제 아우구스투스가 헤롯 대왕에게 하사한 도시였습니다. 그래서 헤롯 대왕 시절에는 아우구스투스 황제를 기리기 위한 신전이 건축되기도 했습니다. 이후로 헤롯 대왕의 아들 헤롯 빌립 2세가 이곳을 새롭게 정비하면서 로마 황제 티베리우스를 숭배하는 대리석 신전을 세우고 도시의 이름을 빌립보 가이사랴로 바꾸게 됩니다. 말하자면 로마 황제 가이사를 숭배하는 도시였던 셈입니다.

그보다 훨씬 오래전 이 성읍의 이름은 또 달랐습니다. 빌립보 가이사랴로 불리기 전의 구약시대에는 바알갓(수 11:17, 12:7, 13:5) 또는 바알헤르몬(삿 3:3, 대상 5:23)으로 불렸고, 이 지명에는 바알을 숭배하던 당시 가나안 족속의 신앙이 투영된 것으로 추측됩니다. 이후에는 그리스 종교의 영향을 받아 양떼와 양치기 목동들을 관장하는 판(Pan)이라는 신을 섬기는 도시가 되었고, 파네아스(Paneas), 즉 판 신에게 드려진 도시라는 지명을 얻게 됩니다. 오래전 바알을 숭배하던 도시, 그다음에는 판 신을 섬기던 도시가 마태복음 16장의 신앙고백이 있던 시기에는 로마 황제를 숭배하는 도시, 빌립보 가이사랴로 불리고 있었습니다.

이렇듯 오랜 우상숭배로 점철된 역사가 있기에, 우리는 거리마다 온갖 우상들을 세공하는 은장색들과, 행인들과 흥정을 벌이며 우상들을 판매하는 장사꾼들로 붐비는 도시의 풍경을 어렵지 않게 상상해 볼 수 있습니다. 번영과 쾌락을 얻기 위해 온갖 신들을 숭배하던 곳, 명예와 권세를 추구하는 것이 미덕으로 여겨지던 그 도시에서 주님은 제자들에게 물으십니다. "너희는 나를 누구라 하느냐"(마 16:15).

베드로가 고백합니다. "주는 그리스도시요 살아계신 하나님의 아들이시니이다"(마 16:16). 베드로는 눈 앞에 즐비한 우상들과 화려한 신전들 앞에서 예수님을 그리스도로 고백하고 있습니다.

우리가 살아가는 오늘날도 크게 다르지 않습니다. 과거 어느 때와 비교할 수 없을 정도로 우상이 만연한 시대입니다. 각자 소견에 옳은 것을 따라 자기들만의 신을 만들고, 하나님이 창조하신 피조물들을 오히려 숭배하며, 심지어 자기 자신을 예배의 대상으로 삼는 일이 당연한 일상이 되었습니다. 거짓되고 허망한 우상들이 가득한 이곳에서 교회는 무엇을 해야 할까요? 누구에게 시선을 모아야 할까요? 오직 예수님만을 섬기며 경배해야 합니다. 오직 예수님만이 그리스도시며 살아계신 하나님이심을 고백하고 선포해야 합니다.

실제로 우리는 기도와 찬양과 예배 중에 예수님을 그리스도로 고백합니다. 그런데 정작 그 고백에 담긴 의미를 잘 모르는 경우가 많은 듯합니다. 오랜 기간 교회를 다녔음에도 예수님이 누구신지, 그리스도라는 호칭이 무엇을 의미하는지, 그리고 그리스도가 어떤 일을 수행하시는지 알지 못한 채 그저 막연하게 신앙생활을 하는 경우를 종종 보게 됩니다.

그리스도에 대한 진리의 말씀은 성경 곳곳에 기록되어 있습니다. 그렇기에 구약시대의 선조들도 그리스도를 대망했습니다. 하나님이 장차 오실 메시아, 곧 그리스도에 대해 어떤 약속의 말씀을 주셨기에 고대 이스라엘은 그토록 그리스도를 기다리고 바랐던 것일까요? 그리고 어떻게 초대 교회 성도들은 로마 제국의 핍박 속에서도 예수님을 그리스도로 고백했던 것일까요? 더 나아가 오늘 우리가 예수님을 그리스도로 고백하는 것은 어떤 의미가 있을까요?

저는 이 책에서 예수 그리스도의 삼중직(Munus Triplex)에 대해 다루려고 합니다. 구약에서 기름부음을 받았던 왕, 제사장, 선지자의 직분이 어떻게 그리스도로 연결되고, 사도들을 비롯한 초대 교회 성도들은 무엇 때문에 예수님을 그리스도로 고백했는지를 살펴보려고 합니다. 그리스도의 삼중직이 먼 옛날 선배들의 신앙고백으로 그치지 않고 여전히 오늘 우리에게 어떤 위로와 소망을 주는지에 대해서도 살펴보려고 합니다. 그리고 변함없이 예수님을 그리스도로 고백하는 것이 우리에게 어떤 의미인지 점검해 보려고 합니다.

끝으로, 이 책은 부족하지만 여러 교회를 거치며 말씀을 전하고 가르친 내용의 결과물입니다. 강남일교회, 충주양문교회와 청년부 회원들, 그리고 가좌동광교회의 성도님들께 감사의 인사를 전합니다. 책을 집필할 수 있도록 여러 모로 배려해 주신 가좌동광교회 동역자들과 담임목사님께도 감사의 말씀을 전합니다. 무엇보다 사랑하는 아내에게 마음 깊은 곳으로부터 고마움을 전합니다. 월요일임에도 원고 집필을 위해 출근하는 남편을 배려해 기꺼이 시간을 허락해 주고 육아를 비롯한 집안일을 도맡아준 아내에게 그저 고맙고 미안합니다.

이 책은 제가 사랑하는 교회를 통해 나오게 되었기에 교회가 또한 이 책을 통해 유익을 누리길 소망해 봅니다. 머나먼 과거에만 아니라 지금 이 순간에도, 그리고 앞으로도 영원히 그 직분을 수행하실 예수님은 우리의 그리스도이십니다. 바라기는 이 짧은 여정 가운데 우리 모두가, 신실하게 그 직분을 감당하고 계시는 주 예수 그리스도를 믿음으로 바라볼 수 있길 소망합니다.

능히 너희를 보호하사 거침이 없게 하시고 너희로 그 영광 앞에 흠이 없이 기쁨으로 서게 하실 이 곧 우리 구주 홀로 하나이신 하나님께 우리 주 예수 그리스도로 말미암아 영광과 위엄과 권력과 권세가 영원 전부터 이제와 영원토록 있을지어다 아멘(유 24-25).

1. 구원자로 오신 예수님

구원자의 필요성

성경은 우주만물의 창조자이신 하나님을 선포하는 것으로 시작합니다(창 1:1). 창조된 모든 세계가 하나님의 선하심을 반영합니다. 우리는 광대한 자연을 통해 이를 지으신 분의 손길을 느낄 수 있습니다. 장 칼뱅은 시편 29편을 주석하며 온 천지에 드러나는 일반적 자연현상 가운데 하나님을 생각하지 않게 만드는 것은 하나도 없다고 단언했습니다. 모든 피조세계가 창조주 하나님을 증언합니다. 하나님의 아름다우심, 하나님의 영광, 하나님의 위대하심을 선포합니다. 이에 대

해 성경은 이렇게 선포합니다

> 하늘이 하나님의 영광을 선포하고 궁창이 그의 손으로 하신 일을 나타내는도다(시 19:1).

> 여호와의 이름을 찬양할지어다 그의 이름이 홀로 높으시며 그의 영광이 땅과 하늘 위에 뛰어나심이로다(시 148:13).

하나님이 지으신 모든 것이 선했습니다(딤전 4:4). 그러나 창조사역의 정점에 있던 인간은 하나님 대신 죄를 선택했습니다. 하나님의 형상대로 지음 받은 인간은 창조주 하나님의 아름다우심과 영광과 위대하심을 나타내야 했으나 오히려 하나님께 죄를 범했고, 그로 인해 하나님으로부터 끊어지고 말았습니다. 더 나아가 죄는 사람의 모든 것을 망가뜨렸습니다. 사람이 계획하고 생각하는 모든 것이 죄의 영향력 아래 놓였습니다. 우리의 생각, 우리의 열망, 우리의 결정, 우리를 움직이게 만드는 모든 동기도 죄의 영향력에서 자유로울 수 없게 되었습니다(창 6:5, 렘 17:9).

믿음의 선배들은 이러한 사람의 상태를 가리켜 '전적 타락'(Total Depravity)이라고 정의했습니다. 첫 사람 아담 이후로

태어난 모든 사람은 본성적으로 죄인이며 자신의 힘과 능력으로는 죄의 값을 지불할 수 없는 상태가 되었습니다. 내 안에 있는 모든 것이 죄로 부패했습니다(롬 3:10-12). 전적으로 타락한 죄인은 하나님께 스스로 나아갈 수 없고(롬 3:23), 자신 안에서는 어떤 구원의 근거도 찾을 수 없으며, 선을 행하거나 구원을 이룰 어떤 능력도 없습니다.

우리 역시 아담이 저지른 죄의 더러움을 물려받았습니다. 하나님 앞에서 타락한 죄인일 뿐입니다. 시편 기자는 이에 대해 "내가 죄악 중에서 출생하였음이여 어머니가 죄 중에서 나를 잉태하였나이다"(시 51:5)라고 고백했습니다. 우리가 아무리 선하고 의로운 행위를 한다 할지라도, 거룩하신 하나님 앞에서 그것은 '더러운 옷'(사 64:6)에 지나지 않습니다.

성경은 이와 같은 우리의 모습을 가리켜 이미 죽었다고 선언합니다(엡 2:1). 호흡이 끊어진 상태입니다. 부패가 이미 상당하고 악취가 진동하며 벌레가 득실거립니다. 마치 에스겔이 환상 중에 보았던 마른 뼈들처럼 소생의 가능성이 없는 존재입니다. 생명을 얻기 위해 우리가 할 수 있는 일이 아무것도 없습니다. 따라서 우리는 내 안에서 뭔가를 찾을 것이 아니라 우리를 되살릴 능력을 가진 구원자를 찾아야 합니다.

그렇다면 어떤 존재가 우리의 구원자가 될 수 있을까요?

세상에 성인(聖人)이나 위인으로 추앙받는 사람들, 깊은 수행을 통해 도를 깨우쳤다는 사람들이 얼마나 많습니까? 심지어 자칭 구원자라고 주장하는 사람도 참 많습니다. 작년 기준으로 탁지원 현대종교소장은 한국에 존재하는 이단 및 사이비 단체가 수백 개이며, 신도수를 합치면 약 200만 명에 달한다고 발표한 바 있습니다.[1] 그 밖에도 우리를 현혹하는 것들은 많습니다. 각종 미신과 영험하다고 알려진 바위나 나무들, 사람들이 상상으로 만들어낸 우상들도 부지기수입니다. 이런 것들이 우리를 구원할 수 있을까요? 우리의 죄를 사해줄 수 있을까요? 그렇지 않습니다.

우리를 구원하실 분은 오직 예수님밖에 없습니다. 여기서 중요한 질문은 이것입니다. 그렇다면 왜 예수님만이 우리의 구원자가 되실까요? 그분이 누구시기에 우리의 유일한 소망이 되실까요? 우리는 가장 먼저 그분의 이름에 주목할 필요가 있습니다.

'예수' 그 이름

오래전 북이스라엘은 앗수르에 의해 멸망하고 남유다는 바벨론에 의해 패망합니다. 자칭 하나님의 백성이라던 그들이 멸망한 이유는 그들의 죄 때문이었습니다. 하나님을 온 마음과 뜻과 힘을 다해 사랑하지 않고, 그분의 말씀을 지켜 순종하지도 않은 바로 죄 말입니다. 그 결과 하늘의 별과 같이 많던 그들이 흩어짐을 당하고, 하나님의 백성이요 하나님의 소유라 불리던 그들이 이방의 포로로 사로잡혀가는 수치를 당합니다.

선민(하나님이 택하신 백성)이라던 그들은 끊임없이 제국의 지배를 받습니다. 앗수르에서 바벨론으로, 연이어 페르시아와 헬라, 이제는 로마 제국까지 그들을 압제합니다. 기나긴 유배와 식민 지배는 이스라엘 백성에게 하나님의 오랜 약속을 상기시켰습니다. 바로 메시아에 대한 약속입니다. 이스라엘이 외세에 의해 압제를 받던 시절에 하나님은 선지자들을 통해 그들을 구원할 메시아를 보내시겠다는 약속의 말씀을 주셨습니다. 그렇기에 이스라엘은 장차 약속된 메시아께서 오시면 그분이 지금의 괴로움과 환란에서 자신들을 건져내실 것이고, 제국의 압제로부터 해방시켜주실 것을 고대했습니다.

많은 이스라엘 사람들이 이러한 염원을 담아 자기 아들의 이름을 '예수(구원자)'로 짓곤 했습니다. 1세기 당시 예수라는 이름이 평범하고 흔하게 된 이유입니다. 그러나 그들의 간절한 바람에도 불구하고 선지자 말라기 이후로 하나님은 구원은커녕 더 이상 아무 말씀도 하지 않으셨습니다. 자기 백성에게 침묵하셨습니다. 세례 요한이 나타나기까지 무려 400년이나 말입니다. 그 400년 동안 얼마나 많은 예수들(예수라는 이름을 가진 사람들)이 그 땅에서 살았을까요? 그야말로 수많은 예수들이 있었지만 그들은 진정한 의미에서의 예수(구원자)는 아니었습니다. 오늘날에도 자칭 수많은 예수(구원자)들이 존재하지만 그들은 결코 진정한 의미에서 예수(구원자)가 될 수 없습니다.

그런 가운데 하나님이 오랜 침묵을 깨시고 복된 소식을 전하십니다. 스스로 예수(구원자)가 될 수 없던 자들에게, 세상 어디서도 참된 예수(구원자)를 찾지 못하던 자들에게, 하나님이 친히 예수(구원자)를 마련하셨습니다. 그런데 하나님이 보내주신 예수는 그들이 그토록 고대하던 구원자의 모습과는 달랐습니다. 그들은 제국의 압제로부터 자신들을 해방시킬 정치적, 군사적 지도자를 바랐습니다. 그러나 하나님이 마련하신 구원자는 그 이름의 의미대로 '자기 백성을 그들의 죄에서 구원하실 자'(마 1:21)였습니다.

성자 하나님이 예수(구원자)로 이 땅에 성육신하여 오셨습니다. 베들레헴의 말구유에서 탄생하신 예수는 진정한 구원자가 되셨습니다. 오랫동안 사람들이 고대하던 구원자의 모습과 달랐지만, 놀랍게도 우리 믿음의 선배들은 나사렛 예수를 그리스도로 고백하기 시작했습니다. 제국의 탄압이 거세지고, 세상의 풍파가 높아지며, 많은 자칭 구원자들이 일어나던 때였지만, 믿음의 선배들은 오직 나사렛 예수가 우리의 구주되심을 담대히 선포했습니다.

> 다른 이로써는 구원을 받을 수 없나니 천하 사람 중에 구원을 받을 만한 다른 이름을 우리에게 주신 일이 없음이라 하였더라(행 4:12).

> 미쁘다 모든 사람이 받을 만한 이 말이여 그리스도 예수께서 죄인을 구원하시려고 세상에 임하셨다 하였도다(딤전 1:15).

믿음의 선배들이 정리하고 요약한 신앙고백도 있습니다.

◎ **하이델베르크요리문답**

29문. 왜 하나님의 아들을 "예수", 즉 구주라고 부릅니까?

답. 그분이 우리를 구원하시고 우리 죄에서 우리를 해방해 주시기 때문입니다. 또한 마찬가지로 다른 어떤 것에서도 구원을 추구해서는 안 되며 찾을 수도 없기 때문입니다.

34문. 그렇다면 우리는 무슨 이유로 그분을 "우리의 주"라고 부릅니까?

답. 그분이 금이나 은이 아니라 자신의 보배로운 피로 우리의 몸과 영혼을 우리의 모든 죄에서 구속하셨고, 모든 마귀의 권세에서 해방시키셨으며, 우리를 그분 소유로 삼아주셨기 때문입니다.

◎ **웨스트민스터대요리문답**

41문. 왜 우리 중보자께서 예수라고 불립니까?

답. 우리 중보자께서 자신의 백성을 그들의 모든 죄에서 구원하시기 때문에 예수라고 불립니다.

예수, 합당하신 구원자

역사 속에서 예수라는 존재는 다양한 의미로 규정되어 왔습니다. 해방신학자들에게는 혁명을 꿈꾸는 전사로, 민중신학자들에게는 가난한 자들의 편에 선 혁명가로 불렸습니다. 어떤 이들에게 예수는 신화 속 인물 내지는 훌륭한 마술사였습니다.[2] 이렇듯 정치적, 사회적 의미를 담은 여러 용어들을 통해 예수는 다양한 인물로 해석되어 왔습니다.

우리 믿음의 선배들은 나사렛 예수를 우리의 예수, 곧 구원자로 고백했습니다. 오늘 우리도 그분을 우리의 예수, 곧 구원자로 고백합니다. 그렇다면 나사렛 예수가 우리의 구원자라는 고백을 받으시기에 합당한 이유가 무엇일까요?

첫째, 성경의 증언입니다. 성경은 하나님이 요셉과 마리아를 선택하셔서 그들을 통해 하나님의 아들이 나게 하셨다고 말합니다. 뿐만 아니라 그 아들이 자기 백성을 그들의 죄에서 구원할 자라고 하나님이 말씀하신 사실을 증거합니다(마 1:21). 예수님이 자기 백성을 그들의 죄에서 구원할 자라는 사실은, 아주 오래전 예수님이 성육신하시기 약 700년 전에 선지자들을 통해 성경에 기록되었습니다. 여기서 이사야 선지자는 예수님이 당하실 대속적 고난과 죽음에 대해 예언한 바 있습니다(사 53장). 신약시대에 요한 사도는 선한 목자되시는 예수님이 양들을 위하여 목숨을 버리신다는 말씀을 기록했고(요 10:11), 실제로 고난받는 종이 되신 예수님은 성경에 기록된 모든 예언을 완벽하게 성취하셨습니다. 히브리서는 예수님이 일반 제사장들처럼 짐승의 피가 아닌 오직 자신의 피로 영원한 속죄를 이루셨다고 선언합니다(히 9:12). 이외에도 성경은 나사렛 예수가 우리의 참 구원자가 되신다는 사실을 수없이 증언합니다.

둘째는, 신앙고백서의 증언입니다. 하나님의 말씀인 성경은 그 자체로 완전합니다. 그런데 그 말씀 가운데 예수가 우리의 구원자가 되신다는 내용이 흩어져 있어 성경 전반을 이해하는 데 어려움이 있었습니다. 기독교의 많은 교리문답과 신앙고백서들이 그러한 맥락에서 정립되었습니다. 신앙고백서는 때로는 이단의 공격에 맞서 기독교 진리를 변증하기 위해, 때로는 바른 교회의 확립과 일관된 교리 전수를 위해서도 유용한 도구로 만들어졌습니다.

그러므로 만일 죄인인 우리의 형편과 예수님이 우리의 합당한 구원자이심을 바르게 이해하려고 한다면, 성경을 깊게 읽고 공부할 뿐만 아니라 여러 신앙고백서가 요약한 내용을 살펴보는 것으로도 가능합니다.

아래에 선배들의 고백을 읽어보십시오.

◎ **하이델베르크 요리문답**

12문. 우리가 하나님의 의로운 심판으로 한시적 형벌과 영원한 형벌을 동시에 받았는데, 어떻게 이 형벌을 피할 수 있고, 다시 은혜를 입을 수 있으며 하나님과 화해할 수 있습니까?

답. 하나님께서는 자신의 의가 만족되기를 원하십니다. 따라서 우리는 우리 자신이나 타인에 의해 하나님의 의에 대한 <u>완전한 값을 지불</u>해야 합니다.

13문. 그러면 우리가 스스로 이 값을 지불할 수 있습니까?
답. 결코 그렇지 않습니다. 오히려 <u>우리는 날마다 우리의 빚을 증가시킬 뿐</u>입니다.

14문. 그러면 우리를 위해 그 값을 대신 지불할 수 있는 피조물이 있습니까?
답. <u>하나도 없습니다</u>. 왜냐하면, 첫째로 하나님께서는 <u>인간이 진 빚으로 인해 다른 피조물을 대신 처벌하길 원하지 않으시기</u> 때문입니다. 둘째로, 어떤 피조물도 죄에 대한 <u>하나님의 영원한 진노의 짐을 감당할 수도 없고, 그 진노로부터 다른 피조물을 구해낼 수도 없기</u> 때문입니다.

믿음의 선배들이 요약 정리한 신앙고백서에 따르면, 택하신 죄인들의 구속이 가능하기 위해서는 하나님의 공의를 만족시켜야 하는데, 우리 스스로는, 그리고 이 세상의 어떤 것으로도 그 공의를 만족시킬 수 없다고 설명합니다. 오히려 우리 믿음의 선배들은 택하신 죄인들의 구속을 이룰 구원자가 어떤 분이어야 하는지를 성경을 통해 논리적으로 제시합니다. 택하신 죄인들을 구속할 구원자는 참 하나님이시자 동시에 참 사람이셔야 한다는 것입니다. 아래 고백을 읽어보십시오.

◎ **하이델베르크 요리문답**

15문. 그렇다면 우리는 어떤 중보자와 구원자를 찾아야 합니까?
답. 우리는 참 사람이시면서 완전히 의로우신 분을 찾아야 합니다. 동시에 모든 피조물보다 능력이 뛰어나신 분, 곧 참 하나님을 찾아야 합니다.

16문. 그렇다면 그분은 왜 참 사람이시면서 완전히 의로우신 분이어야 합니까?
답. 하나님의 공의가 죄를 지은 인간 본성에 그 죄의 대가를 치르기를 요구하기 때문입니다. 또한 그 자신이 죄인인 사람은 다른 이를 대신해 죄의 대가를 치를 수 없기 때문입니다.

17문. 그분은 왜 한 분 안에서 동시에 참 하나님이어야 합니까?
답. 그분이 자신의 신성의 능력으로 하나님의 진노의 무게를 자신의 인성에 짊어지셔야 하기 때문입니다. 또한 우리를 위해, 그리고 우리에게 의와 생명을 회복시키기 위함입니다.

◎ **웨스트민스터 대요리문답**

38문. 중보자는 왜 하나님이셔야 했습니까?

답. 중보자가 하나님이셔야 했던 이유는, 하나님의 무한한 진노와 사망 권세 아래로 빠지지 않도록 자신의 인성을 지키고 유지하기 위해, 자신의 고난과 순종과 간구가 가치있고 효과있게 하기 위해, 하나님의 공의를 만족시키기 위해, 하나님의 은혜를 얻기 위해, 자기 백성을 값주고 사기 위해, 자기 백성에게 자신의 성령을 주기 위해, 자기 백성의 모든 대적을 정복하기 위해, 자기 백성을 영원히 구원하기 위해서입니다.

39문. 중보자는 왜 사람이셔야 했습니까?

중보자가 사람이어야 했던 이유는, 우리의 본성을 향상시키기 위해, 율법에 순종하기 위해, 우리의 본성 안에서 우리를 위해 고난을 받고 간구하며, 우리의 연약함을 동정하기 위해, 그리하여 우리가 양자가 되고 위로를 받으며 은혜의 보좌 앞에 담대히 나아갈 수 있게 하기 위해서입니다.

그렇다면 누가 구원자의 기준에 합당합니까? 택하신 죄인들을 구속하기 위해서는 하나님이 요구하시는 의의 수준을 만족시키며 우리에게 모든 구원의 은혜들을 베풀 수 있는 참 하나님, 또한 우리를 위해 율법에 죽기까지 순종하고 모든 죄의 삯을 지불함으로써 우리로 하여금 은혜의 보좌 앞으로 담대히 나아갈 수 있게 하는 참 사람인 분이어야만 합니다. 그분이 누구입니까? 우리 믿음의 선배들은 성경을 깊이 읽고 해석하고 논의하고 정리한 결과, 오직 예수님이 우리 구원자에 합당한 분이라고 증거합니다. 아래의 고백을 읽어봅시다.

◎ 하이델베르크 요리문답

18문. 하지만 누가 그와 같은 중보자, 즉 참 하나님이신 동시에 참되고 의로운 인간이신 중보자입니까?

답. <u>우리 주 예수 그리스도</u>이신데, 즉 완전한 구원과 의를 위해 우리에게 거저 주어진 분입니다.

◎ 웨스트민스터 대요리문답

41문. 우리의 중보자를 왜 예수라고 부릅니까?

답. 우리의 중보자를 예수라고 부르는 것은 <u>그가 자기 백성을 그들의 죄에서 구원할 자이기</u> 때문입니다.

정리하면 이렇습니다. 첫 사람 아담과 함께 범죄한 모든 사람은 본성 전체가 부패하여 의를 미워하고 악을 사랑하며, 선을 행할 능력도 잃어버렸습니다. 마치 내리막길에서 브레이크가 고장난 트럭처럼, 죄로 기울어진 성향으로 인해 우리는 멈출 줄 모른 채 점점 거세고 빠르고 심각하게 영원한 파멸로 내달리고 있습니다. 내리막길에서 빠르게 달려 내려오는 트럭을 멈추기 위해서는 내달려오는 그 이상의 힘이 필요합니다. 마찬가지로 허물과 죄로 죽어 영원한 멸망으로 내달리는 우리를 멈추게 하기 위해서는 그 이상의 무언가가 필요합니다.

성경은 그 무언가를 우리 안에서는 발견할 수 없다고 말합니다. 오히려 내 밖에서부터 주어지는 은혜를 찾아야만 합니다. 은혜란 무엇입니까? 윌리엄 뉴먼(William Newman)은 "은혜란 무가치한 자에게 베푸시는 하나님의 무조건적 호의"라고 정의했습니다. 성경은 우리가 하나님의 은혜를 받을 자격이 없는 정도가 아니라 하나님과 원수된 자들이었다고 말합니다(롬 5:10). 영원한 형벌을 받아 마땅한 죄인들에게 하나님은 전적으로 과분한 사랑을 베푸셨는데, 독생하신 아들을 우리를 위하여 내어주시고 하나님과 화목을 이루게 하셨다는 것입니다. 우리는 여전히 악으로부터 돌이키지 않던 악질이었고(롬 5:6), 은혜를 받을 자격이 아주 없는 자들이었는데도 말입니다.

하나님은 택하신 죄인들을 구속하시기 위해 독생하신 아들을 구원자로 이 땅에 보내시면서 친히 그 아들의 이름을 예수라고 지어주셨습니다. 오직 그분만이 진정한 우리의 예수(구원자)가 되십니다. 이 사실을 확신하는 그리스도인은 다음과 같이 담대히 고백할 수 있습니다.

◎ **하이델베르크 요리문답**

1문. 삶과 죽음에 있어 당신의 유일한 위로는 무엇입니까?

답. 몸과 영혼을 가진 나는 <u>삶과 죽음 둘 다에 있어 나의 것이 아니라 나의 신실하신 구원자 예수 그리스도의 것이라는 사실입니다.</u> 그분은 자신의 보혈로 나의 모든 죄를 위한 값을 완전히 지불하셨고, 나를 마귀의 모든 권세로부터 구원하셨으며, 또한 하늘에 계신 내 아버지의 뜻 없이는 머리털 하나도 내 머리로부터 떨어질 수 없도록 나를 보호하십니다. 그래서 만물도 또한 나를 섬기되 나의 구원을 위해 섬겨야 한다는 것입니다. 그러므로 그분은 내게 자신의 성령을 통해서도 영생을 확신시켜 주시고, 이제부터는 그분을 위해 자발적이고 준비된 삶을 진심으로 살아갈 수 있도록 하십니다.

2. 기름부음을 받은 자

그리스도의 삼중직

구약의 기름부음

예전에 노방전도를 하다가 마주친 분에게 예수님을 아시느냐고 물었더니 아주 자신있게 이렇게 대답했습니다.

"알다마다요! 예수 그리스도 아닙니까?"

그분의 확신에 찬 고백에 감사함을 느끼려던 순간, 그분이 이렇게 덧붙였습니다.

"그런데 목사님, 외국에는 '그리스도'라는 성(姓)도 있습니까?"

조금 각색한 이야기이지만, 오늘날 우리와 전혀 무관치 않은 내용입니다. 우리는 예수님을 그리스도로 고백합니다. 그렇지만 앞의 이야기처럼, 예수님이 그리스도시라는 고백의 의미를 정확히 아는지 돌아볼 필요가 있다는 말입니다. 그러면 우리는 어떤 이유로 예수님을 그리스도라고 부를까요? 그리스도란 어떤 의미이기에 그렇게 고백하는 것일까요?

'그리스도'는 신약시대에 사용된 헬라어 용어로, 구약시대의 히브리어 메시아(Messiah)와 동일한 의미를 갖습니다. 메시아는 '기름을 붓다'라는 의미의 히브리어 '마쉬하'에서 비롯되었습니다. 그러다가 신약시대에 헬라어로 번역되는 과정에서 '기름을 바르다'라는 의미의 '크리오'에 피동 표현이 붙어 '기름부음을 받은 자'라는 의미의 '흐리스토스'가 되었습니다. 이 용어가 한글성경에 번역된 '그리스도'입니다. 정리하면, 히브리어 '메시아'와 헬라어 '그리스도'는 같은 의미, 곧 "기름부음을 받은 자"라는 뜻을 갖습니다.

구약시대에는 기름부음을 받던 사람들이 있었습니다. 바로 왕과 제사장과 선지자입니다. 각각의 직분이 수행하는 역할은 서로 달랐지만 하나님의 특별한 뜻을 수행하기 위해 부르심을 받는다는 공통점이 있었습니다. 왕은 백성들을 대적으로부터 지키고 평안히 다스리며, 제사장은 백성들을 대신해 하나님께 죄를 고백하고 화목제사를 드렸으며, 선지자는 하나님의 말씀을 백성에게 선포하고 그들에게 하나님의 뜻을 전하는 사역을 감당했습니다.

성경에는 이처럼 하나님의 부르심을 받고 왕과 제사장과 선지자의 직분을 수행하게 된 자들에게 기름을 붓는 장면이 자주 나옵니다. 하나님은 사무엘을 통해 사울에게 기름을 부어 이스라엘 초대 왕의 직분을 수행하게 하셨습니다(삼상 10:1). 다윗 역시 유다의 왕으로 세워질 때 기름부음을 받았고(삼하 2:4), 나중에 헤브론에서 이스라엘의 왕으로 세워질 때에도 모든 장로들을 통해 기름부음을 받았습니다(삼하 5:3). 다윗의 뒤를 이은 솔로몬도 기름부음을 통해 왕의 직분을 시작했고(왕상 1:34), 이후로도 모든 왕들이 그 직분을 맡을 때 기름부음을 받았습니다(왕상 19:16).

하나님은 제사장을 세울 때에도 기름부음을 통해 그 직분을 수행하도록 명하셨습니다. 출애굽한 이스라엘 백성들을 대신해 거룩하신 하나님 앞에 나아갈 첫 번째 제사장으로서 아론과 그의 아들들이 이 기름부음을 받았습니다(출 28:41). 이후로도 이스라엘에서 후임 제사장이 세워질 때마다 기름부음을 통해 그 직분을 시작하게 했습니다(대상 29:22). 마찬가지로 하나님은 선지자를 세울 때에도 기름을 부어 그 직분을 감당하게 하셨습니다(왕상 19:16).

여기서 유념해야 할 점은, 아무에게나 기름부음을 행하지 않았다는 것입니다. 기름부음은 하나님의 특별한 부르심을 받고 하나님을 위해 특정한 직무를 맡은 자들에게만 주어지는 특별한 의식이었습니다. 하나님이 인정하시는 자들에게 이 기름부음을 행함으로써 사람들은 기름부음을 받는 당사자가 하나님에 의해 특별한 부르심을 받았다는 사실을 공개적으로 확인할 수 있었습니다. 구약에서 하나님의 특별한 부르심을 받고 그 직분을 감당하게 된 왕과 제사장과 선지자에게만 제한적으로 기름부음이 행해진 이유입니다.

기름부음을 받으신 예수님

예수님을 메시아, 곧 그리스도로 고백하는 것은 그분도 사역을 시작하실 때 기름부음을 받으셨음을 의미합니다. 구약의 왕과 제사장과 선지자도 자기 직분을 수행할 때 기름부음을 받았다면, 온 인류를 구원하실 예수님은 얼마나 좋은 기름으로 기름부음을 받으셔야 했을까요? 그런데 이상합니다. 예수님의 공생애를 기록한 사복음서를 보면 그분이 누군가로부터 기름부음을 받으셨다는 내용이 없습니다. 오랜 역사를 거치며 기독교는 예수님을 그리스도(기름부음을 받은 자)로 고백해 왔는데, 무엇을 근거로 그렇게 말하는 것일까요?

성경은 예수님이 고대 이스라엘의 왕과 제사장과 선지자처럼 그 직분을 시작하시면서 기름부음을 받으셨다는 내용을 기록하지 않습니다. 대신 예수님은 그보다 더 탁월한 기름부음을 받으셨다고 증거합니다.

> 주의 성령이 내게 임하셨으니 이는 가난한 자에게 복음을 전하게 하시려고 내게 기름을 부으시고 나를 보내사 포로 된 자에게 자유를, 눈 먼 자에게 다시 보게 함을 전파하며 눌린 자를 자유롭게 하고 주의 은혜의 해를 전파하게 하려 하심이라 하였더라 책을 덮어 그 맡은 자에게 주시고 앉으시니 회당에 있는 자들이 다 주목하여 보더라 이에 예수께서 그들에게 말씀하시되 이 글이 오늘 너희 귀에 응하였느니라 하시니(눅 4:18-21).

> 하나님이 보내신 이는 하나님의 말씀을 하나니 이는 하나님이 성령을 한량 없이 주심이니라(요 3:34).

> 하나님이 나사렛 예수에게 성령과 능력을 기름 붓듯 하셨으매 그가 두루 다니시며 선한 일을 행하시고 마귀에게 눌린 모든 사람

을 고치셨으니 이는 하나님이 함께 하셨음이라(행10:38).

위의 성경 본문은 예수님이 공생애 사역을 시작하실 때 성령의 기름부음을 받으셨다고 증언합니다. 그것도 한량 없이 말입니다. 여기서 "한량 없이"라는 표현에 사용된 헬라어 '메트론'은 '측량, 저울질'의 의미가 있습니다. 영어 measure(측정하다)가 여기에서 파생되었는데요. '메트론' 앞에 부정어 '오우'(οὐ)를 붙여 '도저히 셀 수 없는, 측량이 불가능한'의 의미로 사용되었습니다. 즉 예수님은 공생애를 시작하시면서 성령의 기름부음을 넘치도록, 도저히 측량할 수 없을 정도로 받으셨다는 것입니다. 그렇다면 성령의 기름부음은 무엇을 의미하는 것일까요? 성령의 기름부음은 구약의 기름부음과 어떤 관계가 있는 것일까요? 먼저 아래 글을 읽어봅시다.

◎ **제네바 교리문답**

36문. 그분은 어떤 종류의 기름에 의해 기름부음을 받으셨습니까?

답. 그것은 고대의 왕들과 제사장들과 선지자들을 성별하는 데 사용한 눈에 보이는 기름이 아니라, <u>그보다 더욱 뛰어난</u>, (과거에 행해졌던) <u>외적 기름부음이 의미하는</u>, 성령님의 은혜(의 기름부으심)였습니다.

종교개혁자 장 칼뱅은 그의 제네바 교리문답을 통해 예수님이 성령님의 은혜를 기름붓듯 받으셨다고 설명합니다. 그리고 그 성령님의 기름부음은 고대의 왕과 제사장과 선지자에게 부어졌던 눈에 보이는 기름보다 더 뛰어나고 본질적인 것이라고 설명합니다. 더 나아가 구약시대의 기름부음은 성령님의 기름부음에 대한 상징이었다고 말합니다. 예수님은 더 나은, 더 탁월한, 더 본질적인 기름부음을 받으심으로 그분의 사역을 시작하셨습니다.

다시 말해, 구약시대의 기름부음은 장차 예수님이 받으실 성령의 기름부음에 대한 모형이자 그림자였습니다. 또한 이는 장차 예수님이 이 세 직분을 완전하게 이루실 것에 대한 예표였습니다. 성령의 기름부음을 통해 예수님은 세 직분을 수행할 모든 권세와 능력을 완전히 구비하셨습니다.

◎ **웨스트민스터 대요리문답**

42문. 왜 우리 중보자께서 그리스도라고 불립니까?

답. 우리 중보자께서 <u>성령의 측량할 수 없는 기름부음을 받으셨기 때문에</u> 그리스도라 불립니다. 또한 구별되어 자신의 낮아지심과 높아지심의 상태에서 자신의 교회의 선지자와 제사장과 왕의 <u>직무를 수행할 수 있도록 모든 권세와 능력 가운데 완전히 구비되었기</u>

때문입니다.

◎ **하이델베르크 요리문답**

31문. 왜 그분을 '그리스도', 즉 기름부음 받은 자라고 부릅니까?

답. 그분은 우리의 구원을 위한 하나님의 감춰진 계획과 뜻을 우리에게 온전히 계시하신 큰 선지자와 선생이 되시기로 아버지 하나님에게 세움받으시고 성령으로 기름부음 받으셨기 때문입니다. 그리고 자신의 몸을 희생 제물로 단번에 드려 우리를 구속하시고, 우리를 위해 하나님 아버지께 항상 간구하시는 대제사장이 되시기 때문입니다. 또한 그분의 말씀과 성령으로 우리를 다스리시고, 우리를 위해 값 주고 사신 그 구원을 (우리가 즐거워하도록 하기) 위해 우리를 보호하시고 보존하시는 우리의 영원한 왕이 되시기 때문입니다.

우리 믿음의 선배들은 예수님이 기름부음을 받은 자, 곧 그리스도라 불리는 이유에 대해 이렇게 정리했습니다. 예수님이 성령의 기름부음을 받으신 것은 우리의 구원을 위한 하나님의 감춰진 계획과 뜻을 온전히 계시하기 위함이며, 그리스도라는 직분을 수행할 수 있도록 모든 권세와 능력을 받으신 것이라고 이해할 수 있습니다.

그리스도의 낮아지신 상태(비하)와 높아지신 상태(승귀)

구약의 기름부음은 장차 메시아(그리스도)에게 부어질, 성령의 기름부음을 예표하는 그림자였습니다. 마찬가지로 구약의 메시아들(왕, 제사장, 선지자)은 장차 임하실 완전하신 메시아, 곧 그리스도를 가리키고 있습니다. 하나님의 독생하신 아들은 성부께 받은 '예수(구원자)'라는 이름으로 불리길 기뻐하셨고, 낮고 천한 종의 형체로 이 땅 가운데 오셔서 공생애 기간 동안 그리스도의 직분을 수행하셨습니다. 뿐만 아니라 부활 승천하신 이후로도 그 직분을 여전히 수행하십니다. 이에 대해 우리 믿음의 선배들은 어떻게 그 믿음을 요약 정리했는지 아래의 문답을 읽어봅시다.

◎ **웨스트민스터 신앙고백서**

1항. 하나님은 그분의 영원한 목적 안에서 자신의 유일한 독생자이신 주 예수님을 하나님과 사람 사이의 중보자로, <u>선지자와 제사장과 왕으로</u>, 자신의 교회의 머리와 구주로, 만유의 상속자와 세상의 재판장으로 세우기를 기뻐하셨습니다. 하나님은 영원 전에 한 백성을 주셔서 그리스도의 후손이 되게 하시고, 때가 차매 그로 말미암아 구속함을 받고 부름받으며 의롭다 하심을 받고 거룩해지며 영화롭게 하셨습니다.

◎ **웨스트민스터 소요리문답**

23문. 그리스도께서 우리의 구속자로서 행하시는 직분은 무엇입니까?

답. 그리스도께서 우리의 구속자로서 그분이 <u>낮아지시고 높아지신 두 상태 모두를 통해</u> 선지자와 제사장과 왕의 직분을 행하십니다.

우리 믿음의 선배들은 예수님이 그분의 낮아지신 상태(비하, humiliatio)와 높아지신 상태(승귀, elevatio) 모두를 통해 그리스도의 삼중직(왕, 제사장, 선지자)을 수행하신다고 설명합니다. 용어가 다소 낯설 수 있지만 사실 그리스도의 비하와 승귀는 우리에게 익숙한 개념입니다. 우리가 예배 때마다 고백하는 사도신경을 생각해 보십시오.

나는 믿습니다.
전능하신 아버지 하나님
천지의 창조주를

나는 믿습니다.

그의 유일하신 아들 우리 주 예수 그리스도를

그리스도의 낮아지심 (비하)
- 그는 성령으로 잉태되어 동정녀 마리아에게서 나시고
- 본디오 빌라도에게 고난을 받아 십자가에 못박혀 죽으시고
- 장사된 지 사흘 만에

그리스도의 높아지심 (승귀)
- 죽은 자 가운데서 다시 살아나셨으며
- 하늘에 오르시어 전능하신 아버지 하나님 우편에 앉아 계시다가
- 거기로부터 살아있는 자와 죽은 자를 심판하러 오십니다.

나는 믿습니다.

성령을

거룩한 공교회와 성도의 교제와 죄를 용서받는 것과

몸의 부활과 영생을

비록 한글번역에서 잘 드러나지 않지만 사도신경은 원문상 3개의 "나는 믿습니다(credo)"라는 단락으로 구분되며, 각각 성부 하나님과 성자 예수님, 성령 하나님에 대한 고백을 담고 있습니다. 성자에 대한 고백에는 그리스도의 비하와 승귀 교리가 잘 드러나 있습니다. 이에 대해 조금 더 자세하게 살펴봅시다.

그리스도의 비하(낮아지심)는 성자 예수님의 성육신, 고난, 죽으심, 장사되심을 포함합니다. 하나님의 독생하신 아들이시자 하나님이신 성자께서 성육신, 즉 하나님과 동등됨을 버리고 낮고 천한 종의 형체로 이 땅에 내려오셨습니다. 그럼으로써 율법의 창시자께서 율법 아래로 들어오셨고, 무한하신 분께서 유한의 세계 속으로 들어오셨으며, 창조주께서 인생의 희노애락을 겪으시고, 죄가 없으시지만 죄의 결과로 맞이한 인생의 비통과 괴로움, 고난과 질고를 당하셨습니다.

뿐만 아니라 예수님은 영원 전부터 성부께서 구원하기로 택하신 자들을 위해 속죄의 제물로서 그들의 불의함을 전가(Imputatio) 받으셨고, 그들을 위해 저주를 받으사 죄의 값을 자신의 피로 지불하셨습니다(갈 3:13-14). 전능하시며 무한하시고 의로우신 분께서 저주를 받고 버림받은 자들이 겪을 비참한 고통을 친히 당하셨습니다. 영원한 생명이신 주님께서 죄의 형벌인 사망에 이르셨고, 그분의 죽으심에 대한 확실한 보증으로 무덤에 장사되셨습니다. 왜 예수님은 이와 같이 낮아지셔야만 했습니까? 다음 문답을 읽어봅시다.

◎ **웨스트민스터 대요리문답**
39문. 중보자께서 반드시 사람이셔야 했던 이유가 무엇입니까?

답. 중보자께서 반드시 사람이셔야 했던 이유는 그분이 우리의 본성을 취하시고, 율법에 순종하시며, 고난받으시고, 우리의 본성 가운데서 우리를 위해 중보하시며, 우리의 연약함을 함께 동정하시기 위함입니다. 그리고 우리가 양자되어 은혜의 보좌 앞에 위로 가운데 담대히 나아갈 수 있게 하시기 위함입니다.

그러나 영원하신 하나님의 독생자 예수님은 비하의 상태에서 머무시지 않고 다시 높아지십니다. 예수님의 승귀(높아지심)는 부활, 승천, 보좌우편에 앉으심, 재림을 포함합니다. 사망과 부패는 예수님을 영원히 붙들 수 없습니다. 예수님은 장사되신 지 사흘만에 자신의 신적 능력으로 다시 살아나셨습니다. 예수님의 부활은 오직 그분만이 영원하신 하나님의 아들되심과 하나님의 공의를 만족시키셨음을 증거하며, 사망권세를 이기시고 산 자와 죽은 자의 주가 되셨음을 온전히 드러내셨습니다. 또한 부활하신 예수님은 무리들이 보는 데서 하늘로 올라가심으로 높아지셨고, 다시 오시기까지 하늘 보좌 우편에 앉으사 우리를 위해 중보하시고, 자신의 몸인 교회를 다스리십니다. 또한 하늘 성소에서 성령을 보내사 우리를 거룩하게 하시고 각종 은사들을 통해 교회를 세워가게 하십니다. 그리고 예수님은 영광의 주요 심판주로서 거룩한 천사들과 함께 하늘로부터 내려오실 것입니다. 왜 예수님은 이와 같이 높아지셔야 했습니까? 아래 문답을 읽어봅시다.

◎ **웨스트민스터 대요리문답**

38문. 왜 중보자께서는 반드시 하나님이셔야만 했습니까?

답. 중보자께서 반드시 하나님이셔야 했던 것은 그분이 하나님의 무한한 진노와 죽음의 권세 아래로 침몰하지 않도록 인간의 본성을 보존하고 유지시킬 수 있게 하기 위함입니다. 또한 그분의 고난과 순종과 중보에 가치와 효력을 부여할 수 있게 하기 위함입니다. 그리고 하나님의 공의를 만족시키며, 그분의 은총을 확보하고, 자기 백성을 속량하며, 그들에게 그분의 성령을 주시고, 그들의 모든 대적을 정복하며, 그들에게 영원한 구원을 주시기 위함입니다.

우리를 위한 그리스도의 직분

지금까지의 내용을 정리해 봅시다. 예수님은 그리스도의 직분을 받으셨습니다. 예수님은 그분의 낮아지심의 상태에서, 그리고 높아지심의 상태에서 그리스도의 삼중직을 수행하십니다. 그렇다면 이 사실들이 우리에게 주는 유익은 무엇일까요? 아래 설명을 읽어봅시다.

◎ 제네바교리문답

40문. 이러한 사실들이 우리에게 어떤 유익이 있습니까?

답. 모든 것이 <u>우리를 유익하게 하기 위한 것</u>입니다. 왜냐하면 예수 그리스도께서 이 세 직분의 은혜를 받은 것은 <u>우리로 하여금 이 은사들에 참여하도록 하기 위한 것</u>이기 때문입니다. 즉 우리가 그분의 충만함으로부터 모든 것을 받도록 하기 위한 것입니다.

41문. 좀 더 자세히 설명해 보십시오.

답. 예수 그리스도께서 모든 은사와 함께 성령을 충만히 받으신 것은 <u>하나님께서 적절하다고 생각하시는 정도에 따라 이것들을 각 사람들에게 나눠주시기 위함</u>이었습니다. 그래서 우리는 우리가 소유하고 있는 모든 영적 은혜를 마치 우물에서 물을 마시듯이 그분으로부터 얻는 것입니다.

종교개혁자 칼뱅은 모든 것이 우리의 유익을 위함이며, 예수 그리스도 안에는 지혜와 지식의 모든 보화가 감추어져 있어서 각 사람에게 영적 은혜를 마치 우물에서 물을 길어 마시듯 그분께로부터 얻게 하시기 위함이라고 설명합니다. 이러한 의미를 따라 예수님이 그리스도의 삼중직을 수행하신 것은 기본적으로 구원받은 신자들의 영적 은혜를 위한 것입니다. 이에 대해 아래 문답을 읽어봅시다.

◎ 하이델베르크요리문답

32문. 그러면 당신은 왜 그리스도인이라고 불립니까?

답. 내가 <u>믿음으로 그리스도의 지체가 되고, 그리스도의 기름부음에 참여하기 때문</u>입니다. 그렇게 함으로써 나는 그리스도의 이름을 고백하고, 그에 대한 살아있는 감사의 제물로 나 자신을 그리스도께 드리며, 자유롭고 선한 양심으로 이 세상에서 죄와 마귀에 대항하여 싸우고, 이후로는 영원히 그리스도와 함께 모든 피조물을 다스릴 것입니다.

◎ 웨스트민스터 신앙고백서

8장. 중보자이신 그리스도에 관하여

4항. 주 예수께서는 <u>이 직분을 지극히 기쁘게 자원하여 맡으셨습니다.</u> 주 예수께서는 이 직분을 수행하시기 위해 율법 아래 처하셨고, 율법을 완전하게 성취하셨습니다. 그분은 영혼의 가장 극심하고 슬픈 비탄을 몸소 견디셨고 그분의 몸으로는 가장 괴로운 고통을 견디셨습니다. 그분은 십자가에 못 박히시고 죽으셨으며, 장사 지낸 바 되시고 죽음의 권세 아래 계셨으나 썩음을 당하지는 않으셨습니다. 장사 지낸 지 사흘째 되던 날에 예수께서 자신이 고난받던 동일한 몸으로 죽음 가운데서 다시 살아나셨고, 하늘로 올라가셨으며, 거기서 하나님 우편에 앉으시고, 우리를 위해 중보하시며, 세상 끝날에 사람들과 천사들을 심판하시기 위해 다시 오실 것입니다.

예수님은 그리스도의 직분을 지극히 기쁘게 자원하여 맡으셨습니다. 우리 믿음의 선배들은 모든 구원받은 신자들이 그리스도의 지체가 될 뿐만 아니라 그분의 기름부음에 함께 참여한다고 설명합니다.

무엇보다 하이델베르크 요리문답 32문은 그리스도의 세 직분과 그리스도인의 삶을 잘 연결지어 설명하고 있습니다. 선진들의 고백처럼, 우리는 구약성경에서 왕과 제사장과 선지자의 직무를 관찰하여 우리 삶에 적용할 수 있고, 특히나 그리스도의 삶을 본받아 그분이 감당하신 세 직무를 우리 편에서 행할 수 있습니다.[3]

먼저 이 땅에서, 그리고 영원한 나라에서 그분의 능력으로 부요하게 하시는 예수님은 우리의 왕이 되십니다. 우리는 그리스도 안에서 왕 같은 제사장으로 부름 받았습니다. 우리가 그리스도를 통해 아버지의 모든 좋은 것을 받아 누리는 것처럼, 우리도 주 예수 그리스도 안에서 받은 은혜를 이 땅 가운데 흐르게 해야 합니다. 우리는 그분의 기름부음에 참여한 그리스도인으로서 그리스도를 본받아 하나님의 공평과 정의를 이 땅 가운데 실현하며 하나님 나라의 가치를 실천해야 합니다. 또한 우리 자신을 말씀에 복종시킴으로 하나님의 뜻에 순종하고, 주님의 몸된 교회를 섬기며 한 지체된 형제들을 말씀과 눈물의 기도로 사랑하며 섬기는 것으로 그리스도의 왕직에 참여할 수 있습니다.

둘째로, 예수님은 자기 자신을 화목제물로 단번에 하나님께 드리사 하나님과 우리의 막힌 담을 허무셨습니다. 그분은 완전한 제사장으로서 죄와 저주 아래 있던 우리에게 은혜를 베푸셨습니다. 우리는 그리스도의 제사장직을 본받아 가족과 친구와 교회, 그리고 더 나아가 나라와 전세계를 위해 기도해야 합니다. 또한 예수님이 죽기까지 자기를 희생하셨듯이 우리도 주변의 어려운 지체들의 필요를 채워주는 것을 통해 작은 제사장으로서 동참할 수 있습니다. 무엇보다 하나님을 예배하는 일에 나 개인과 공동체가 잘 참여하게 함으로써 작은 제사장으로서 그리스도의 직분에 참여할 수 있습니다.

셋째로, 우리는 그리스도의 선지자 직분을 본받아 하나님의 말씀, 곧 복음을 이 땅 가운데 전해야 합니다. 이를 위해 전도에 힘써야 하고, 낙심한 형제들에게 말씀으로 권면하며 돌보는 일을 해야 합니다. 뿐만 아니라 선지자가 하나님을 드러냈던 것처럼, 그리스도께서 성부 하나님을 온전히 나타내셨던 것처럼(요 14:9-10) 작은 선지자인 그리스도인은 이 땅 가운데 우리 안에 계시는 하나님을 온전히 드러내야 합니다. 거룩한 언행, 거룩한 습관, 거룩한 생활 등을 통해 우리 안의 빛을 세상 가운데 비춰게 하여 하나님께 영광 돌리는 것(마 5:16), 그것이 그리스도의 직분에 참여하는 삶입니다.

우리 주 예수 그리스도는 그리스도의 직분을 자원함으로 기쁘게 맡으셨습니다. 우리 모든 그리스도인이 그리스도의 직분에 참여하는 유익을 주시기 위해 말이죠. 이토록 놀라운 은혜 앞에서 나 자신을 돌아보면 참 초라합니다. 연약한 질그릇 같고 무능하고 완악한 죄인일 뿐입니다. 그러나 실망하지 마십시오. 주님은 우리가 그리스도의 직분에 참여할 수 있도록, 그분의 충만함으로부터 모든 것을 주겠다고 말씀하시기 때문입니다. 마치 우물에서 물을 길어 마시듯이 그분으로부터 모든 신령한 은혜를 공급받게 하겠다 약속하십니다.

지금 이 순간에도 작은 예수로 살아가는 데 얼마나 많은 마찰과 저항을 겪고 있습니까? 하늘 보좌 우편에 앉으신 예수님이 눈에 보이지 않는다고 해서 낙심하지 마십시오. 그분은 여전히 우리의 그리스도로서 지금도 필요한 은혜를 부어

주고 계시기 때문입니다. 이 사실을 확신한다면 우리는 담대히 다음과 같이 외칠 수 있습니다.

"주는 그리스도시요 살아계신 하나님의 아들이시니이다"(마 16:16).

3. 왕이신 그리스도

오랫동안 고대하던 왕

야곱의 열두 아들들이 지파를 이루고, 그 열두 지파가 이스라엘이라는 나라로 구체화하면서 가장 중요하게 대두된 것은 바로 '왕'이었습니다. 하나님은 이스라엘 가운데 세워질 왕이 준행해야 하는 조건들을 말씀하십니다. 왕은 병마와 아내와 은금을 많이 두지 말아야 합니다. 또한 하나님의 율법을 늘 가까이 두고 읽으며 그 말씀을 따라 나라를 다스려야 합니다(신 17:14-19). 이는 하나님의 백성을 다스리는 왕으로서의 직무가 왕 개인의 역량이나 지혜나 경험으로 수행 가능한 것이 아니기 때문입니다. 오히려 왕은 하나님을 경외할 뿐만 아니라 하나님의 율법의 모든 말씀과 규례를 지켜 행함으로만 자신의 직무를 바르게 수행할 수 있습니다. 비록 왕은 자기에게 맡겨진 백성을 다스리지만, 무엇보다 왕은 그 백성이 온 우주 만물을 다스리시는 하나님의 소유임을 먼저 인정해야 합니다. 이것이 이방 나라의 왕과 이스라엘의 왕의 본질적인 차이입니다.

이스라엘의 초대 왕 사울은 사무엘에 의해 기름부음을 받았습니다(삼상 10:1). 그러나 그는 하나님의 말씀을 가볍게 여겼습니다. 아말렉과의 전쟁에 나서기 전, 하나님은 사울 왕에게 아말렉을 쳐서 그들의 모든 소유를 남기지 말고 진멸하되 남녀와 소아와 젖 먹는 아이와 우양과 낙타와 나귀를 죽이라 명령하셨습니다. 그러나 사울 왕은 하나님의 말씀에 순종하는 대신 자기 마음에 좋은 대로 행했습니다. 반드시 진멸하라 명하신 아말렉 왕을 비롯해 좋고 기름진 가축들은 남기고, 가치 없고 하찮은 것만 진멸했을 뿐입니다. 사울이 하나님의 말씀에 불순종한 것은 자기 생각이 하나님의 말씀보다 지혜롭다고 여겼기 때문이고, 이런 판단의 이면에 만왕의 왕 되시는 하나님을 인정하지 않는 불신앙이 있었기 때문입니다. 이 일로 인하여 사울은 하나님께 버림을 받고 더 이상 왕으로 인정받지 못하게 됩니다(삼상 15:26).

하나님은 사울의 후임으로 다윗을 왕으로 세우십니다. 다윗은 하나님 마음에 합한 사람이었습니다(삼상 13:14). 하나님은 다윗과 더불어 언약을 맺으시며 그의 후손이 영원히 주의 백성 이스라엘을 다스리게 하겠다고 말씀하십니다(삼하 7:11-13). 그러나 다윗도 완벽한 왕은 아니었습니다. 그는 어느 때부터 하나님 경외하기를 잊고 마음의 욕망에 순응하기 시작했습니다. 우리아의 아내 밧세바와 동침하였고, 그녀가 임신하자 남편 우리아를 전쟁터로 내몰아 죽게 했습니다.

다윗의 아들 솔로몬은 어떻습니까? 그는 하나님께 지혜를 구할 만큼 충분히 겸손했고 아버지 다윗이 고대하던 예루살렘 성전을 건축함으로 하나님의 영광을 드러냈습니다. 그러나 그는 많은 이방 여인들과의 결혼을 통해 우상숭배에 빠졌고, 돌이키라는 하나님의 거듭된 명령에도 회개하지 않으며 악의 길로 향했습니다. 솔로몬에게 진노하신 하나님은 나라를 그에게서 빼앗아 그의 신하에게 주겠다는 심판을 단행하셨습니다(왕상 11:1-13).

솔로몬 이후 분열된 왕국 대부분의 왕들은 하나님을 경외하지도, 하나님의 말씀을 따르지도 않았습니다. 북이스라엘의 여러 왕들은 우상숭배를 비롯한 죄악을 저질렀고 그 결과 하나님의 징계와 심판을 받아 결국 앗수르에 의해 왕국이 멸망하게 되었습니다. 남유다도 예외는 아니었습니다. 다윗의 후손들이 나라를 다스렸지만 대부분의 왕들이 하나님을 떠나 우상숭배와 악의 길을 걸었습니다. 그 결과 남유다는 바벨론에 의해 멸망하고 백성들은 포로로 끌려갔습니다. 예레미야 같은 선지자들은 이스라엘의 왕들이 하나님 여호와의 언약을 버리고 다른 신들에게 절하고 그들을 섬김으로 이러한 비극을 초래했다고 지적했습니다(렘 22:8-9).

그럼에도 신실하신 하나님은 그들을 버리지 않으시고 선지자들을 통해 소망의 메시지를 전하십니다. 자신의 백성들을 위해 메시아를 보낼 것이며 그가 와서 새로운 왕국을 일으킬 것이라는 약속이었습니다. 그 메시아는 다윗의 후손으로 오실 것이며(겔 37:24), 이전의 왕들과 달리 지혜로 다스리며 세상에서 정의와 공의를 행할 것이라는 구체적인 말씀을 주십니다(렘 23:5).

이후 고레스의 칙령에 따라 포로로 끌려갔던 이스라엘은 예루살렘으로 돌아와 성전과 성벽을 재건하게 됩니다. 하지만 황폐한 땅에서 하나님의 성전을 재건하는 일은 결코 쉽지 않았습니다. 무엇보다 사마리아인들이 이를 훼방했습니다. 하나님은 지치고 낙심한 백성에게 학개와 스가랴 선지자를 보내십니다. 약속하신 메시아가 곧 오실 것이며, 그 이후에 맞이하게 될 영광이 그 이전의 영광보다 크리라는 복된 소식을 전해 주십니다(학 2:6-9, 슥 9:9).

그러나 약속된 메시아는 생각처럼 빨리 오시지 않았습니다. 그러는 사이 그 땅에 많은 통치자들이 일어났습니다. 먼저는 알렉산더 대왕이 일어나 페르시아 제국을 물리치고 고대 근동 전역의 패권을 장악합니다. 그 뒤에 프톨레미(Ptolemy)와 셀루커스(Seleucus) 왕조가 일어납니다. 뒤를 이어 안티오코스 4세(Antiochus IV)가 시리아의 왕이 되고 유대인들은 심한 박해까지 받습니다. 율법과 안식일을 지키지 못하게 하는 법령을 반포하고, 희생제사와 할례를 금지하고, 토라를 찢고 불태우며, 부정한 짐승인 돼지를 강제로 먹게 했습니다. 예루살렘 성전에 제우스 신상이 세워지고, 돼지가 희생제물로 바쳐졌습니다.

이런 가운데 맛디디아(Mattathias)가 일어나 독립운동을 펼칩니다. 여기에 하시딤(Hasidim)까지 합세하면서 이스라엘의 독립운동은 꽤 성공하는 듯 보였습니다. 그들은 이방의 압제와 우상숭배 강요에서 벗어나 하나님이 다스리시는 신정국가를 회복하고자 했지만 오래가지 못했습니다. 그 뒤를 이어 망치(마카비)라는 별명을 가진 유다가 일어나 독립운동을 벌이지만 그 역시도 이스라엘에 해방을 가져다주지 못했습니다. 약속된 그리스도가 아니었다는 말입니다. 포로귀환부터 제2성전기, 그리고 이 같은 암울한 시기를 지나며 하나님의 백성들 사이에 '기름부음 받은' 참 그리스도에 대한 소망이 깊어졌습니다. 그들이 기다리던 그리스도는 구원자이자 동시에 왕이었습니다. 그분은 다윗 왕국을 회복하고 견고하게 하며(삼하 7:16), 소멸되지 않는 영원한 권세로 그 나라를 다스릴 자이십니다(단 7:13-14).

왕으로 오신 예수님

하나님의 마음에 합한 사람 다윗은 어느 날 나단 선지자를 불러 말합니다. 자신은 화려한 백향목 궁에 살고 있는데 하나님의 언약궤는 휘장 가운데 있으니 이를 감당하지 못하겠노라고 말이죠. 그래서 하나님이 거하실 처소, 곧 성전을 짓고자 하는 꿈을 꾸게 됩니다. 이에 하나님은 말씀하십니다. "네가 나를 위하여 내가 살 집을 건축하겠느냐… 네게 이르노니 여호와가 너를 위하여 집을 지어주겠다"고 말입니다(삼하 7:5, 11). 그러면서 다윗의 후손이 그의 왕위를 영원히 견고하게 할 것이며, 하나님이 친히 그(다윗의 후손)의 아버지가 되시고 그(다윗의 후손)는 하나님의 아들이 될 것이란 약속을 주십니다(삼하 7:11-16).

이 약속은 어떻게 되었을까요? 다윗 이후에 많은 왕들이 나타났지만 그들이 통치하는 나라는 점점 쇠락의 길을 걷기만 했습니다. 다윗 왕국이 영원하리라는 하나님의 약속은 주전 6세기 바빌론에 의해 남유다가 멸망하면서 오히려 깨어진 듯했습니다. 하나님의 백성들이 제국의 포로로 끌려가 그곳에서 수치와 수모를 당했습니다. 오랜 유배 생활 끝에 고국으로 돌아왔으나 대적들이 일어나 그들을 가만 놔두질 않았습니다. 끊임없이 다른 강대국들이 일어나 하나님의 백성은 압제의 그늘을 벗어나지 못했습니다. 다윗 왕국의 재건이나, 이전보다 영광스러운 나라의 회복은 현실과 동떨어진 약속 같았습니다.

그러나 하나님의 약속은 실패하지 않았습니다. 신약성경의 서두는 예수님의 계보를 다룹니다(마 1:1-17). 아브라함의 자손이자 동시에 다윗의 자손이신 예수님의 혈통을 강조하고 있습니다. 뿐만 아니라 아브라함과 다윗, 그리고 바벨론 포로기와 예수님까지의 세대를 각 14대씩 의도적으로 맞추고 있습니다. 여기에는 영원하고 참된 왕이신 예수님을 강조하기 위한 마태복음의 의도가 담겨 있습니다.

14라는 수로 각 세대를 구분한 이유를 놓고 여러 의견이 있는데, 그 중 하나가 바로 게마트리아(Gematria)입니다. 이 방법에 따르면 히브리어의 알파벳은 각각 숫자로 치환될 수 있으며, '다윗'이라는 이름의 히브리어를 게마트리아로 바꾸면 숫자 14가 됩니다. 이러한 의견을 반영한다면, 마태는 예수님의 족보를 통해 그분이 다윗의 혈통을 따르는 진정한 왕이심을 한번 더 강조하고 있는 셈입니다.

예수님의 왕되심에 대해서는 마태뿐만 아니라 성경 전체가 증언합니다. 아래 말씀을 읽어봅시다.

> 이는 한 아기가 우리에게 났고 <u>한 아들을 우리에게 주신 바 되었</u>는데 그의 어깨에는 정사를 메었고 <u>그의 이름은 기묘자라, 모사라, 전능하신 하나님이라, 영존하시는 아버지라, 평강의 왕이라</u> 할 것임이라 그 정사와 평강의 더함이 무궁하며 또 <u>다윗의 왕좌와 그의 나라에 군림하여 그 나라를 굳게 세우고 지금 이후로 영원히 정의와 공의로 그것을 보존하실 것이라</u> 만군의 여호와의 열심이 이를 이루시리라(사 9:6-7).

이사야 9장 6절은 우리에게 태어날 '한 아기'가 '전능하신 하나님'이라고 말씀합니다. 그분은 '기묘한 모사'[4]로 불리는데 이는 그분이 측량할 수 없는 지혜를 가지신 분임을 의미합니다. 또한 그분은 전능하신 하나님이실 뿐만 아니라 영원부터 영원까지 스스로 존재하시는 분(출 3:14)입니다. 무엇보다 그분은 하나님과 택하신 백성 사이의 틀어진 관계를 화목케 할 평강의 왕입니다. 우리는 하나님이 이사야를 통해 주신 그리스도에 대한 이 예언의 말씀이 신약 시대에 이르러 예수님에게서 성취되는 것을 볼 수 있습니다.

> 그가 큰 자가 되고 지극히 높으신 이의 아들이라 일컬어질 것이요 주 하나님께서 그 조상 다윗의 왕위를 그에게 주시리니 영원히 야곱의 집을 왕으로 다스리실 것이며 그 나라가 무궁하리라 (눅 1:32-33).

하나님의 백성 이스라엘이 이방 제국에 의해 멸망하고 오랫동안 유배 생활을 하다가 고국으로 돌아왔을 때, 그들은 커다란 소망을 품었습니다. 성전을 재건하고 나면 하나님의 백성으로 예전의 영광을 다시 회복할 수 있으리라는 기대에 부풀어 있었습니다. 그런데 시작부터 온갖 대적들이 일어납니다. 안팎으로 난관에 부딪히다가 성전 건축은 16년간 중단되고 맙니다. 이것이 스가랴서의 배경이 됩니다. 하나님은 낙심한 이스라엘 백성에게 약속의 말씀을 주십니다.

> 시온의 딸아 크게 기뻐할지어다 예루살렘의 딸아 즐거이 부를지어다 보라 네 왕이 네게 임하시나니 그는 공의로우시며 구원을 베푸시며 겸손하여서 나귀를 타시나니 나귀의 작은 것 곧 나귀 새끼니라(슥 9:9).

하나님이 스가랴를 통해 주시는 그리스도에 대한 예언의 첫 번째 말씀이 무엇입니까? "네 왕이 네게 임하신다!"입니다. 이는 구약에서 오랫동안 예언했던, 다윗의 왕위를 이을 왕 그리스도를 가리킵니다. 그분은 공의로우시고 구원을 베푸실 왕으로 임하십니다. 또한 그 왕은 겸손하셔서 나귀를 타신다고 말씀합니다. 나귀는 당시 이동수단이 아니라 짐을 나르던 동물입니다. 그럼에도 왕이 나귀를 타고 이동한다는 것은 겸손함의 극치를 보여줍니다. 그런데 이 겸손함은 한글의 의미처럼 남을 존중하고 자기를 내세우지 않는 태도만을 말하는 것이 아닙니다. 원어적 의미로 보면 다른 사람들에게 억압을 당하고 경제적으로 매우 곤궁한 상태를 가리킵니다. 이러한 의미를 따라 다른 번역본에서는 이 '겸손한'이란 단어를 '비천한' 혹은 '고난을 당한'으로 번역하기도 했습니다.

예수님은 만왕의 왕으로 이 땅에 오셨지만, 그분은 군림하는 왕이 아니라 고난 당하시는 왕으로 오셨습니다. 자신이 고난 당하심을 통해 많은 이들을 고치시고, 자신이 죽임 당하심을 통해 많은 이들을 생명으로 옮기실 것입니다. 이러한 주님의 겸손은 나귀를 타고 예루살렘으로 입성하시는 장면에서 극명하게 드러났습니다.

> 이는 선지자를 통하여 하신 말씀을 이루려 하심이라 일렀으되 시온 딸에게 이르기를 네 왕이 네게 임하나니 <u>그는 겸손하여 나귀, 곧 멍에 메는 짐승의 새끼를 탔도다</u> 하라 하였느니라(마 21:4-5).

마지막으로 성경 한 부분을 더 찾아봅시다.

> 내가 또 밤 환상 중에 보니 <u>인자 같은 이가 하늘 구름을 타고 와서 옛적부터 항상 계신 이에게 나아가 그 앞으로 인도되매 그에게 권세와 영광과 나라를 주고 모든 백성과 나라들과 다른 언어를 말하는 모든 자들이 그를 섬기게 하였으니 그의 권세는 소멸되지 아니하는 영원한 권세요 그의 나라는 멸망하지 아니할 것이니라</u>(단 7:13-14).

다니엘은 환상 중에 성부께서 그리스도에게 권세와 영광과 나라를 주고 왕으로서 다스리게 하시는 것을 봅니다. 그런데 특이한 것은 그분이 바로 인자(사람의 아들) 같았다고 말합니다. 다윗의 왕위를 영원히 이으실 분, 모든 백성과 나라들과 다른 언어로 말하는 자들이 섬기는 분, 소멸되지 않는 권세로 다스리고 멸망하지 않는 나라를 소유하신 분, 그분이 사람의 아들로 오실 것임을 말씀하고 있습니다.

그리고 실제로 예수님은 "네가 하나님의 아들 그리스도인지 우리에게 말하라"는 대제사장의 질문에 다니엘이 환상 가운데 보았던 그 "인자 같은 이"가 바로 자신이라고 말씀하십니다.

> 예수께서 이르시되 네가 말하였느니라 그러나 내가 너희에게 이르노니 이 후에 <u>인자가 권능의 우편에 앉아 있는 것과 하늘 구름을 타고 오는 것을 너희가 보리라</u> 하시니(마 26:64).

이외에도 신약성경의 많은 본문은 예수님을 가리켜 예전 구약에서 예언한 바로 그분, 곧 그리스도임을 증언하고 있습니다.

성경의 증언뿐만 아니라 예수님의 공생애를 살펴보아도 그분이 왕의 직분을 성실히 수행하셨음을 확인할 수 있습니다. 즉 그분은 왕으로서 자기 백성을 공평과 정의로 다스리고 온갖 대적들로부터 자기 백성을 안전하게 보호하셨습니다. 공생애 기간 동안 예수님은 잃어버린 영혼들을 찾느라 바쁘게 이곳 저곳을 다니시며 하나님의 말씀을 가르치시고 천국 복음을 전파하셨으며 질병과 약함으로 신음하는 자들을 고치셨습니다(마 9:35). 뿐만 아니라 죽은 나사로를 일으키시고, 바람과 바다를 잔잔하게 하심으로 온 우주의 왕 되심을 친히 입증하셨습니다.

궁극적으로 예수님의 왕되심은 텅 빈 무덤을 통해 확증되었습니다. 아래 교리문답을 읽어보십시오.

◎ **제네바 교리문답**

69문. 세상의 구원자이신 예수께서 어떻게 그러한 저주 가운데 빠질 수 있습니까?

답. 그리스도께서는 그 저주 가운데 머물러 있기 위한 것이 아니었습니다. 왜냐하면 그분은 우리가 말한 그 공포를 느끼셨지만 그것에 패배하시거나 억눌리지 않으셨습니다. 오히려 <u>이를 깨뜨리고 멸하기 위해 음부의 권세에 대항하여 싸우셨기</u> 때문입니다.

73문. 사도신경의 다음 신앙고백을 말해 보십시오.

답. 그것은 그리스도께서 사흘만에 부활하셨다는 것입니다. 이것으로 그분은 죽음과 죄로부터의 승리자라는 사실이 증거되었습니다. 부활을 통하여 그분은 죽음을 이기셨으며, 악마의 쇠사슬을 끊어버리시고, 모든 악마의 권세를 파괴시켜 버렸기 때문입니다.

종교개혁자 칼뱅은 예수님이 사망권세를 이기시고 부활하신 것을 마치 전쟁에서 승리를 거머쥐고 돌아오는 개선장군처럼 설명합니다. 사망의 권세에 매여 계시지 않고 부활의 첫 열매가 되신 예수님이야말로 모든 대적들을 짓밟은 진정한 왕이 되신다는 것입니다.

이러한 사실들을 근거로 사도들을 비롯한 초대 교회 성도들 역시 예수님을 그리스도로 고백했습니다. 예수님의 부활을 목격한 사도들을 비롯한 많은 증인들이 예수님의 부활을 증언했습니다(행 2:32). 뿐만 아니라 예수님이 공생애 기간에 말씀하셨던 보혜사 성령이 마가의 다락방에서 기도하던 사람들에게 임하는 사건을 통해(요 14:25-31), 왕이신 예수님이 하늘에서 그분의 교회를 다스리고 계시다는 것을 확신하게 되었습니다. 따라서 초대 교회 성도들은 예수님이야말로 하나님이 약속하시고 예비하신 메시아, 곧 자신들의 그리스도라 고백하길 주저하지 않았던 것입니다.

> 그들은 날마다 성전에서 또 집집마다 다니면서 예수께서 그리스도라고 가르치고 선포하기를 쉬지 않았습니다(행 5:42, 우리말성경).

지금도 왕의 직분을 수행하시는 예수님

2010년에 개봉한 영화 〈레드〉가 있습니다. 브루스 윌리스가 CIA 사상 최고의 특수요원 프랭크 모지스 역을 맡아 출연했습니다. 오랫동안 전설적인 요원으로 활동했지만, 세월을 피해갈 수 없는 법, 그는 나이가 들어 은퇴를 하게 되었습니다. 쟁쟁한 젊은 후배들이 요원직을 수행하면서 한때 전설이었던 프랭크를 무시하거나 과소평가하는 일들이 벌어집니다. 영화 중에 이런 장면이 나옵니다.

"프랭크는 우리가 가진 최고의 요원 중 한명이었어. 그는 마약왕, 테러리스트를 퇴치했지".

"그런데 왜 은퇴했습니까?"

"늙었으니까"

한때는 최고의 요원이었지만, 그런 그도 세월을 이기지 못했으니, 이제는 전설로만 남을 이름이 돼버렸다는 말입니다.

성경공부반을 인도하던 어느 날 한 성도님이 "왜 예수님을 그리스도로 고백해야 하는지 잘 모르겠다"고 물었습니다. 저는 그리스도의 의미와 직분에 대해 간략하게 설명하고 이러한 이유로 초대 교회는 예수님을 그리스도로 고백했다고 대답했습니다. 성도님은 고개를 갸웃하면서 이렇게 되물었습니다. "예수님이 2천 년 전에 그 직분들을 감당하신 것은 잘 알죠. 그런데 그게 오늘 나와 무슨 상관입니까?" 예수님이 그리스도로서 자신이 맡은 직분을 완전히 성취하셨으니 이제 은퇴(?)하시는 게 맞다고 생각했던 모양입니다. 그러니 "지금은 더 이상 그리스도의 직분을 감당하지 않으시는데 왜 나의 그리스도로 고백해야 하느냐"는 것이었습니다.

어쩌면 오늘날 우리가 쉽게 오해할 수 있는 것 중 하나입니다. 예수님이 성자 하나님이신 것도 알겠고, 2천 년 전에 성육신하신 것도 알겠고, 택하신 자들의 죄를 대신하여 고난받으시고 십자가에서 죽으신 것도 알겠고, 부활 승천하신 것도 알겠는데, 그러면 '지금' 예수님은 무엇을 하고 계실까요? 사실상 은퇴(?)하신 걸까요? 만일 그렇다면 예수님은 초대 교회만의 그리스도이시지 오늘 우리의 그리스도는 아닐 것입니다. 그러나 우리 믿음의 선배들은 초대 교회와 동일하게 예수님을 그리스도로 고백했습니다. 또한 오늘 저와 여러분도 예수님을 우리의 그리스도로 고백합니다. 이 고백에 담긴 의미는 무엇일까요?

선지자 이사야의 환상(사 6:1-4)을 통해 이에 대한 답을 찾아보겠습니다. 남유다 백성들은 선왕이었던 웃시야의 죽음으로 절망 가운데 빠졌습니다. 나라의 신앙을 회복시키고, 나라를 부강하게 만들었던 왕이 이제 더 이상 없다고 생각하니 너무나 불안합니다. 속된 말로 '멘붕'에 빠졌습니다. 바로 이러한 배경 가운데 하나님이 이사야에게 환상을 보여 주셨습니다.

> 웃시야 왕이 죽던 해에 내가 본즉 주께서 높이 들린 보좌에 앉으셨는데 그의 옷자락은 성전에 가득하였고 스랍들이 모시고 섰는데 각기 여섯 날개가 있어 그 둘로는 자기의 얼굴을 가리었고 그 둘로는 자기의 발을 가리었고 그 둘로는 날며 서로 불러 이르되 거룩하다 거룩하다 거룩하다 만군의 여호와여 그의 영광이 온 땅에 충만하도다 하더라 이같이 화답하는 자의 소리로 말미암아 문지방의 터가 요동하며 성전에 연기가 충만한지라(사 6:1-4).

이사야는 주께서 높이 들린 보좌에 앉으신 것을 봅니다. 고대 사회에서 앉은 자리의 높이는 곧 그 사람의 존귀함을 나타내고, 입은 옷의 길이는 그 사람의 신분을 나타냈습니다. 이사야가 바라보는 보좌는 높이 들려 있습니다. 그 옷자락은 그 끝이 어디인지 모를 정도로 성전에 가득합니다. 또한 그 곁에는 스랍들이 모시고 섰습니다. 스랍이라는 표현은 히브리어 '사라프'를 음역 표기한 것으로, 이 단어의 동사형은 '불타오르다'라는 의미를 가집니다. 스랍이 어떤 존재인지는 정확히 알 수 없지만 불과 연관된 존재로 추측할 수 있습니다.

그런데 이토록 신비로운 존재들도 높은 보좌에 앉으신 왕 앞에서 자기의 얼굴과 발을 가렸습니다. 자신의 얼굴과 발을 가린다는 것은 그 앞에 좌정한 분이 지극히 거룩하시다는 사실을 의미합니다. 게다가 스랍들은 문지방의 터가 요동할 정도로 화답하며 찬송합니다. "거룩하다 거룩하다 거룩하다 만군의 여호와여 그의 영광이 온 땅에 충만하도다"(사 6:3). 히브리어에서 동일한 단어를 반복 사용하는 방식은 일종의 강조법입니다. 스랍들이 높이 들린 보좌에 앉으신 주님을 지극히 거룩한 분으로 인식하며 그분 앞에 자신을 낮추고 그분의 높고 위대하심을 찬송하고 있는 것입니다. 이 영광스러운 장면이 상상이 되십니까? 얼마나 두렵고 거룩하며 아름답고 신비로웠을까요?

그렇다면 이사야가 본 환상의 의미는 무엇일까요? 하나님은 이 환상을 통하여 이사야 선지자를 비롯한 백성들에게 어떤 말씀을 주시고자 했을까요? 하나님은 자신들을 다스리던 왕의 죽음으로 몹시 불안해 하던 백성들에게 안심할 것을 말씀하고 계십니다. 하나님이 택하신 백성에게는 유한한 인간 왕 대신 영원토록 우주만물을 다스리는 진정한 왕이 있다고 말입니다. 흠결이 많은 인간 왕과는 다르게 완전하고 거룩하며 선하신 왕이 여전히 다스리신다고 말입니다. 교회에 좌정하시며 자신의 몸된 교회를 다스리시는 전능하신 왕, 성육신 이전의 성자 하나님께서 왕으로서 다스리고 통치하신다고 말입니다. 이사야가 그 위엄과 영광을 바라보다가 내뱉은 한마디가 무엇입니까? "내 눈이 진정한 왕을 보았다!"

> 이사야가 이렇게 말한 것은 <u>주의 영광을 보고 주를 가리켜 말한 것이라</u>(요 12:41).

예수님은 영원 전부터 창조주이셨고(요 1:3,10), 완전한 하나님이시며, 성육신 하기 이전에도 충만한 영광으로 온 우주만물을 다스리셨습니다. 또한 지난 내용들을 통해 살펴보았듯, 성육신 이후에도 왕으로서 자기 백성들을 돌보시고 지키시며 다스리셨습니다. 그렇다면 부활 승천하신 이후에는 어떠하실까요? 사도들을 비롯한 초대 교회는 예수님을 그리스도로 고백했습니다. 이는 부활 승천하신 예수님이 지금도 왕으로서 변함없이 다스리신다는 의미의 고백이었습니다. 대표적으로 아래 구절을 읽어봅시다.

> 그런즉 이스라엘 온 집은 확실히 알지니 너희가 십자가에 못 박은 이 예수를 하나님이 <u>주와 그리스도가 되게 하셨느니라</u> 하니라 (행 2:36).

> 성결의 영으로는 <u>죽은 자들 가운데서 부활하사 능력으로 하나님의 아들로 선포되셨으니</u> 곧 <u>우리 주 예수 그리스도</u>시니라(롬 1:4).

십자가 위에서 비참한 죽음을 맞으신 예수님은 부활의 능력으로 하나님의 아들, 곧 왕되신 그리스도로 선포되십니다. 그리고 부활하신 예수님은 하늘과 땅의 모든 권세를 받으신 왕으로서 제자들에게 지상대위임령을 선포하십니다(마 28:18-20). 더 나아가 승천하심으로 하나님의 아들이자 천상의 왕으로 복귀하심을 온 천하에 드러내셨습니다. 이후로 예수님은 다시 오실 그 날까지 하늘 보좌 우편에 좌정하셔서 온 세상의 왕으로서 세상을 다스리십니다. 지금 이 순간에도 말이지요.

분명 그리스도는 지금도 왕으로 다스리십니다. 그분의 무한한 권능과 한량없는 자비와 사랑으로, 그분의 공평과 정의로 백성들을 다스리십니다. 그런데 그리스도를 따르는 자들은 정작 그 통치와 거리가 먼 것 같은 삶을 살아갑니다. 왜 그렇습니까? 천상의 왕이신 예수님이 다스리시는데 우리 삶은 왜 이렇게 순탄하지 않을까요? 세상 사람들보다 그리스도인이 더 성공하고, 저들보다 더 형통한 삶이어야 하는 것 아닙니까?

우리 믿음의 선배들도 지금 우리와 크게 다르지 않았습니다. 오히려 우리보다 훨씬 고난에 익숙한 삶을 살았습니다. 사도들을 비롯한 그리스도인들은 부활하신 예수님을 증거하는 동안 숱한 훼방과 핍박을 마주해야만 했습니다. 서신서에서도 확인할 수 있듯, 유대인 거짓 교사들을 비롯하여 많은 대적자들이 일어났습니다. 그리고 그 정점에 네로 황제가 있었습니다. 그리스도인들은 제국을 위협하는 존재들로 취급받았습니다. 이유 없이 고발을 당하고, 재산을 빼앗기며, 짐승의 가죽이 씌워진 채로 사냥개들에게 던져지는 참담한 일들을 겪습니다. 어제 함께 예배하던 자들이 오늘 감옥에 갇히고 순교를 당해 더 이상 볼 수 없게 되었습니다. 교회는 날마다 죽음을 예감하며 살았습니다. 그럼에도 그들은 그와 같은 고난 속에서도 예수님을 그리스도라고 고백하는 것을 멈추지 않았습니다. 어떻게 그것이 가능했을까요? 아래 말씀을 읽어봅시다.

> 내가 나의 거룩함으로 한 번 맹세하였은즉 다윗에게 거짓말을 하지 아니할 것이라 그의 후손이 장구하고 그의 왕위는 해 같이 내 앞에 항상 있으며 또 궁창의 확실한 증인인 달 같이 영원히 견고하게 되리라 하셨도다(시 89:35-37).

종교개혁자 칼뱅은 이 말씀을 하나님이 자기 아들의 손에 의해 자기 교회의 영원한 보호자와 수호자가 되시겠다는 약속으로 이해합니다.[5] 칼뱅은 고린도전서 8장 6절을 통해 그분의 왕직은 세상 나라가 아니라 하나님의 나라와 관련된 것이어서 전적으로 영적이며, 그분의 통치 역시 영적(spiritual dominion)이라고 설명합니다. 또한 그는 에베소서 1장 21절을 언급하며 그분의 영적 통치는 영원함이라는 특성이 있다고 말합니다. 칼뱅은 교회가 그리스도를 영원한 보호자이자 수호자로 모시고 있기 때문에, 격렬한 동요 속에서도, 가공할 폭풍과 재난이 끊임없이 위협하는 가운데에서도 여전히 안전하다고 말합니다. 그 통치가 영적이기 때문에 썩고 부패할 수밖에 없는 육적인 것과는 달리 언제 어디서든 우리와 함께 하시고, 성령의 능력 안에서 늘 이기게 하시며, 결국 우리를 영광 가운데 높이 들어올리실 영원한 왕권이라는 것입니다.

오늘날 이 땅을 살아가는 주의 백성들을 보십시오. 날마다 시험과 유혹과 핍박 가운데 상처 입은 교회들을 보십시오. 늘 자기를 부인하고 자기 십자가를 짊어진 채 좁은 문으로 들어가고자 발버둥치는 성도들을 보십시오. 하루하루 주의 말씀을 붙들며 살아가느라 여기저기 찢긴 오늘의 저와 여러분의 모습을 보십시오. 누가 보아도 복 받은 사람이거나 성공한 사람의 모습과는 거리가 멀지 않습니까? 어느 누가 보아도 왕의 백성, 왕의 자녀다운 삶 같지가 않습니다.

그럼에도 우리가 소망을 잃지 않는 이유는 무엇입니까? 지금도 왕이신 예수 그리스도께서 교회를 영적으로 다스리시기 때문입니다. 예수 그리스도께서 예나 지금이나 앞으로도 영원히 우리의 왕으로서 교회를 다스리십니다. 우리 주 예수 그리스도의 왕권이 실로 영적인 것이기 때문에, 부패할 수밖에 없는 지상의 것들과는 달리 영원히 변치 않으시고, 성령의 능력 안에서 원수와의 싸움에서 늘 이기게 하시며, 결코 우리를 놓치지 않고 영생에까지 이르게 하실 것입니다.

그분은 실제로 그렇게 하실 권세를 가지셨습니다.

그리고 그 전능하신 왕권 아래 그리스도인으로 모인 성도에게 주님은 그리스도를 통하여 하늘의 신령한 보화를 풍성히 공급하십니다. 세상의 방해와 시험과 유혹이 있겠지만, 그럼에도 주님은 능히 이를 감당할 힘과 능력과 지혜를 부어 주십니다. 이 진리를 굳게 붙든 자는 괴로움과 역경을 마주할 때마다 힘과 능력과 지혜의 원천이 되시는 예수 그리스도만을 붙들게 됩니다. 하늘의 신령한 보화를 누릴 유일한 방법은 오직 그리스도뿐이기 때문입니다. 그분의 왕권 아래 있으면서 우리는 생명을 얻을 수 있습니다. 그리스도인은 성령의 능력으로 말미암아 지금도 변함없이 다스리시는 왕의 힘을 받아 모든 시험과 역경을 견딜 수 있습니다. 이러한 확신 가운데 담대히 외치는 바울 사도의 말을 읽어보십시오. 지금도 그리스도는 왕으로서 다스리십니다.

> 나는 확신합니다! 죽음이나 생명도, 천사들이나 악마들도,
> 현재 일이나 장래 일이나 어떤 능력도,
> 높음이나 깊음이나 다른 어떤 피조물도
> 그리스도 예수 우리 주 안에 있는 하나님의 사랑에서
> 우리를 끊을 수 없습니다! (롬 8:38-39, 우리말성경)

4. 제사장이신 그리스도

구약의 제사장

물론 그 이전부터 존재했지만(창 14:18, 출 18:1), 이스라엘이 하나님의 백성으로서 시내산 언약을 맺은 이후 그 중요성이 더욱 부각된 직분이 바로 제사장일 것입니다. 구약에서 제사장은 왕이나 선지자처럼 임명되는 것이 아니라 혈통에 의해 승계되는 직분이었습니다. 성경이 명시하는 제사장이 되기 위한 기준은 분명했습니다. 혈통으로는 레위 지파 중 아론의 자손이어야 했고(출 28:1), 25세부터 50세까지의 성인 남자(민 8:24-26) 중에서도 신체 결함이 없으며(레 21:16-23), 일상에서

늘 거룩함을 유지하는 자(레 21:1-6)로 특정되었습니다.

구약의 제사장을 이처럼 까다로운 기준으로 선별한 이유는 그들이 맡은 직무 때문이었습니다. 거룩하신 하나님을 섬기는 데 필요한 모든 것을 하나님이 명하신 대로 엄격하게 수행해야 하는 자들이었기 때문입니다. 무엇보다 그들은 하나님과 사람 사이에서 중보자 역할을 맡아 성막 또는 성전에서 백성의 죄사함을 위한 희생제사를 드렸습니다. 이를 위해 제사장은 다른 사람들보다 더 엄격한 거룩과 성결이 요구되었습니다. 백성들을 위해 하나님께 제사를 드리는 일 외에 제사장은 때로는 하나님의 말씀을 가르치기도 하고(대하 15:3, 말 2:7-9), 나병환자를 가려내는 일(레 13장), 간음한 여인을 검증하는 일(민 5:11-31), 하나님의 뜻을 묻고(출 28:30) 재판을 주관하는 일, 그리고 하나님의 이름으로 백성을 축복하는 일(민 6:22-27) 등을 감당했습니다.

이스라엘 중에서 맨 처음 제사장 직무를 맡은 사람은 모세의 형 아론입니다. 하나님은 출애굽한 이스라엘과 시내산에서 언약을 맺으신 이후 모세에게 아론과 그의 아들들을 구별하여 제사장으로 세우도록 하셨습니다(출 28장). 하나님은 제사장직을 수행하는 아론과 그 아들들을 위해 거룩한 의복을 지어 입히고, 판결 흉패를 제작하게 하셨으며, 특별히 제사장직을 위임할 때 그들의 머리에 관유를 부어 바르게 하셨습니다(출 29:7).

아론은 이스라엘 중에서 맨 처음 제사장직을 감당할 만큼 두드러진 인물이었습니다. 그러나 하나님이 약속하신 그리스도는 아니었습니다. 하나님 앞에서 백성들을 위한 중보자로 나서기 위해 늘 거룩과 성결함을 추구했지만, 아론과 그 이후의 제사장들은 한계가 있었습니다. 그들도 결국 연약한 인간이고 죄인이었기 때문입니다. 그런 이유로 백성들의 죄사함을 위해 제사장이 나서서 드리는 제사는 해마다 반복되어야 했으며, 심지어 제사장 역시 자신의 죄를 위해서도 제사를 드려야 했습니다(레 4:3). 더 나아가 그들 역시 죽음을 넘어설 수 없는 인간이기에 그들의 중보 사역도 영구적일 수 없었습니다(히 7:23). 죄성에서 자유롭지 못한 제사장들이 거룩한 직무를 제대로 수행하지 못할 뿐만 아니라 부패하고 타락하는 건 어쩌면 당연한 결과였습니다.

첫 번째 제사장인 아론의 아들 나답과 아비후를 보십시오. 그들조차 제사 때 하나님이 명령하지 않으신 "다른 불"을 사용하다가 하나님의 심판을 받았습니다(레 10:1). 제사장 직무를 위해 요구되는 거룩함의 수준을 보면, 제사장의 몸을 거룩하게 하는 것은 물론이고 제사장의 의복 및 머리에 쓰는 관뿐만 아니라 성막의 모든 기구도 거룩하게 구별해야 합니다. 심지어 번제단에서 제물을 태울 불까지도 하나님이 친히 내려주셨습니다(레 9:24). 제사장들은 그 거룩한 불을 꺼뜨리지 말아야 할 책임을 받습니다(레 6:12). 그러나 나답과 아비후는 그러지 않았습니다. 성경의 다른 역본은 그들이 '거룩하지 않은 불'(unholy fire) 또는 '승인되지 않은 불'(unauthorized fire)'을 사용했다고 표현합니다. 이는 곧 하나님의 거룩하심을 인정하지 않는 오만한 태도였습니다. 이런 자들을 참 제사장, 참 그리스도라고 부를 수 있겠습니까? 하나님의 백성들은 더 나은 제사장, 더 나은 그리스도를 기다렸을 것입니다.

우리가 이름을 들어본 제사장 중에 엘리가 있습니다. 그는 40년간 실로에서 제사장으로 섬겼습니다. 그의 두 아들 홉니와 비느하스도 혈통을 따라 제사장직을 맡았습니다. 그런데 그들은 백성들이 하나님께 드리는 예물을 갈취하는 악한 짓을 저질렀습니다. 백성에게 하나님의 율법을 가르쳐야 할 그들이 오히려 백성의 가르침을 받아야 하는 지경이었습니다(삼상 2:16). 그럼에도 두 아들은 정신을 차리지 못하고, 더욱 뻔뻔하게 악을 일삼았습니다. 성경은 그들의 태도를 단호하게 지적합니다. 그들이 하나님께 드리는 제사를 멸시했다고 말입니다(삼상 2:17). 그런 아들들을 보고서도 아버지 엘리 제사장은 단 한 차례 훈계하는 것 말고 별다른 조치를 취하지 않았습니다. 이를 두고 하나님은 엘리 제사장이 하나님보다 아들들을 소중히 여겼다고 책망하십니다(삼상 2:29). 엘리 가문이 멸망할 거라는 하나님의 경고를 연이어 들었으면서도 회개하고 돌이켰다는 기록이 없을 정도로 안타까운 내용만 전해집니다.

또한 포로기와 포로귀환기를 거치며 성경은 그 시절 제사장들의 모습을 문득문득 비춰줍니다. 그들에게서 두드러지는 공통점은 하나님의 율법을 앞장서서 지켜야 할 그들이 하나님의 율법을 버렸다는 사실입니다. 하나님 앞에서 거룩해야 할 제사장들이 거룩한 것과 속된 것을 구별하지 않았습니다(겔 22:26). 더 나아가 제사장으로서 하나님의 거룩하신 이름을 멸시하고 그분을 더 이상 경외하지 않았습니다(말 1:6). 하나님의 백성들을 하나님께로 인도하고, 하나님의 말씀을 가르치며, 택하신 백성들의 죄사함을 간구해야 할 제사장들이 오히려 악인의 모습을 보이고 있습니다.

알렉산더 대왕의 정복 이후 유대 지역은 헬레니즘의 영향을 받습니다. 유대 사회는 헬레니즘 문화를 배척하며 자신들의 전통을 지키려는 부류와 헬레니즘 문화를 수용하며 로마와의 협력을 통해 권력을 유지하려는 부류로 나뉘기 시작합니다. 이 때 등장한 세력 중 하나가 사두개파(Sadducees)입니다. 그들은 주로 제사장 및 부유한 귀족이 중심을 이루었고, 백성들이 성전 중심의 종교 생활에 집중하게 하는 일에 자신들의 목소리를 냈습니다. 그럼에도 정작 그들의 삶은 이스라엘 백성 중에서 누구보다 유복하고 권력의 중심부에서 온갖 혜택을 누리며 살았습니다. 하나님이 택하신 백성, 그 중에서도 거룩한 직분을 맡은 제사장들이 현세 중심적이었다는 사실은 아무리 하나님을 섬기는 일에 선택받은 자들이라 해도 죄인이라는 한계로 인하여 연약하고 부패할 수밖에 없다는 사실을 잘 보여줍니다.

구약의 역사 가운데 수많은 제사장들이 세워졌습니다. 그들은 거룩하게 구별 받았고, 거룩한 옷을 입었으며, 거룩한 기구들을 사용하고, 거룩한 제사를 드렸지만, 결국 그들도 우리와 동일한 죄인이었습니다. 그들은 약속된 그리스도가 아니었습니다. 하나님의 백성들을 위해 하나님 앞에 나아가 온전한 사역을 감당할 참된 제사장, 그 제사장의 부재(不在)로 인하여 하나님의 백성들이 큰 괴로움을 겪습니다. 흠 있는 제사장들이 드리는 제사였기에 반복적으로 제사를 드려야 하고, 그럼에도 백성들은 제사장을 통하지 않고서는 하나님 앞에 직접 나아갈 수 없었습니다. 많은 제물들로 하나님께 나아가지만 그 제사로는 하나님의 기준을 만족시킬 수 없고 도리어 죄로 물든 그들이 숱한 제사를 드린 것으로 인해 하나님을 피로하게 만들고 하나님의 진노만 유발할 뿐이었습니다(사 1:10-14).

하나님이 만족하시며 기뻐하실 만한 제사는 언제나 가능할까요? 그러기까지 또 얼마나 많은 짐승들이 우리의 죄를 대신해 죽임을 당해야 하는 것일까요? 그리고 언제쯤이면 하나님의 백성들이 제사장을 통하지 않고 하나님 앞에 온전히 나아갈 수 있을까요? 이러한 제사장 제도의 한계는 오히려 완전한 대제사장의 필요성을 부각시키고, 장차 오실 그리스도를 바라보게 하는 중요한 예표가 됩니다. 물론 하나님은 많은 부족함에도 불구하고 구약의 제사장 제도를 유지하셨으나, 이는 완전한 중보자 그리스도의 그림자일 뿐이었습니다. 하나님의 백성들은 멜기세덱의 반차를 따르는 영원한 제사장이자(시 110:4), 우리의 모든 죄를 대신하여 고난받으실(사 53:5-12) 완전한 제사장을 대망할 수밖에 없었습니다.

제사장 직분을 수행하신 예수님

죄인의 연약함을 고스란히 드러내는 제사장 제도가 이어지는 동안 하나님은 그분만의 완전한 계획을 실행하고 계셨습니다. 더 이상 이 땅의 제사장들로 인해 불안할 필요가 없는 영원한 대제사장을 보내시는 일 말입니다. 그분이 오시면 우리와 하나님 사이에서 완전한 중보자로서 온전한 화목을 이루실 것입니다. 그분이 오시면 우리의 죄 문제가 영원히 해결될 것입니다. 그분은 죄인으로서 일시적인 제사를 드리는 것이 아니라 완전한 의인으로서 단번에 영원한 제사를 드리실 것입니다. 아래의 말씀을 읽어봅시다.

> 여호와께서 내 주에게 말씀하시기를 내가 네 원수들로 네 발판이 되게 하기까지 너는 내 오른쪽에 앉아 있으라 하셨도다 여호와께서 시온에서부터 주의 권능의 규를 내보내시리니 주는 원수들 중에서 다스리소서 주의 권능의 날에 주의 백성이 거룩한 옷을 입고 즐거이 헌신하니 새벽 이슬 같은 주의 청년들이 주께 나오는도다 여호와는 맹세하고 변하지 아니하시리라 이르시기를 너는 멜기세덱의 서열을 따라 영원한 제사장이라 하셨도다(시편 110:1-4).

하나님이 결코 변하지 않을 맹세를 하십니다. 내용이 무엇입니까? 하나님의 백성에게 멜기세덱의 반차(서열)를 따르는 영원한 제사장을 친히 예비하신다는 것입니다. 멜기세덱은 누구입니까? 창세기에는 아브람이 조카 롯을 비롯하여 소돔과 고모라의 빼앗겼던 모든 재물과 양식들을 되찾아왔을 때 소돔 왕이 왕의 골짜기로 나아가 그를 영접한 사건이 나옵니다(창 14:1-17). 이 때 살렘 왕 멜기세덱이 등장하는데, 성경은 그를 가리켜 "지극히 높으신 하나님의 제사장"(창 14:18)이라고 증언합니다. 멜기세덱은 아브라함을 축복하고 아브라함은 전리품의 십분의 일을 멜기세덱에게 나누어줍니다.

신약성경은 멜기세덱을 이렇게 설명합니다. "그 이름을 해석하면 먼저는 의의 왕이요 그 다음은 살렘 왕이니 곧 평강의 왕이요"(히 7:2). 일반적으로 성경은 주요 인물을 다룰 때 그 부모의 이름을 명시합니다. 멜기세덱의 경우는 그렇지 않습니다. 부모의 이름이 언급되지 않습니다. 또한 성경은 멜기세덱의 족보가 없다고 말합니다. 제사장 직분에 있어 족보는 매우 중요합니다. 자신이 레위 지파의 혈통을 따르는 자임을 족보를 통해 증명하지 못하면 제사장 직분을 수행할 수 없었기 때문입니다(느 7:64). 그러나 성경이 멜기세덱의 족보가 없다고 말하는 이유는 그가 족보에 기반을 둔 제사장이 아니기 때문입니다. 뿐만 아니라 그가 태어난 날이나 죽은 날도 없는 자처럼 성경은 묘사합니다. 그러면서 멜기세덱의 제사장 직분은 영원하다고까지 선언합니다. "아버지도 없고 어머

니도 없고 족보도 없고 시작한 날도 없고 생명의 끝도 없어 하나님의 아들과 닮아서 항상 제사장으로 있느니라"(히 7:3).

시편 100편이 예언하는 멜기세덱의 반차를 따르는 영원한 제사장은 누구를 가리키는 것일까요? 살렘 왕 멜기세덱의 이름이 의미하는 것처럼 누가 우리에게 평강의 왕이요 의의 왕이며 영원한 제사장이 되어주실 수 있을까요? 이사야는 하나님과 그분의 백성들의 깨어진 관계를 회복시킬 평강의 왕이 우리에게 임하실 것이라고 예언합니다(사 9:6-7). 그분은 전능하신 하나님처럼 측량할 수 없는 지혜로 택하신 백성들을 위로하시고, 영존하는 아버지로서 멜기세덱의 반차를 따르는 영원한 제사장이 되십니다. 그분이 바로 하나님의 독생하신 아들 예수님입니다.

예수님은 멜기세덱의 반차를 따르는 영원한 제사장이십니다. 그분의 제사장 직분은 멜기세덱의 제사장직처럼 족보에 기반을 두지 않습니다. 오히려 그분의 직분은 영원함에 방점이 있습니다. 레위 지파의 제사장들은 자신이 살아있는 동안에만 그 직분을 감당할 뿐이지만, 예수님은 지상에서 살아계실 때뿐만 아니라 죽은 자 가운데서 다시 살아나신 이후에도 영원한 제사장으로 계시기 때문입니다.

구약시대의 제사장들이 기름부음을 받음으로 제사장 직

분을 시작했다면, 예수님은 그 어떤 기름보다 탁월한 성령의 기름부음을 받으심으로써 제사장의 직분을 시작하셨습니다. 공생애 기간 동안 예수님이 수행하신 제사장 사역을 몇 가지로 정리하면 다음과 같습니다.

하나님의 말씀을 가르치심

예수님은 하나님의 말씀을 가르치시고 천국 복음을 전파하시며 백성들의 온갖 약한 것을 고치셨습니다(마 4:23). 제사장들이 백성들에게 하나님의 율법을 가르쳤던 것처럼 예수님도 자기 백성에게 하나님의 말씀을 권위있게 가르치고 해석해 주셨습니다. 특별히 산상수훈을 보면 예수님이 당대 종교지도자들이 문자적으로만 잘못 해석했던 율법의 가르침을 바르게 교정해 주시는 장면을 볼 수 있습니다(마 5장).

축복하심

제사장 아론이 백성들을 향해 손을 들어 축복했던 것처럼(레 9:22, 민 6:23)) 예수님도 택하신 백성들을 자주 축복하셨습니다. 특히 하나님의 나라가 어린아이와 같은 자들의 것이라고 말씀하시는 장면에선(막 10:13-16), 영원한 대제사장이신 예수님이 겸손히 주님께 나아오는 어린아이와 같은 자들을 기쁘게 맞아주시고 축복하시리라는 것을 알 수 있습니다.

성전을 청결케 하심

당시 유대인 성인 남자는 일년에 3번, 예루살렘 성전에 가서 하나님께 제사를 드려야 했습니다. 세계 각지에서 찾아오는 그들을 상대로 하는 사업, 가령 성전세를 내기 위한 화폐 교환업, 제물로 바칠 짐승 판매업 등이 발달하게 됩니다. 그 과정에서 업자들은 과도한 폭리를 취했습니다. 더욱이 이런 사업을 진행하는 과정에서 업자들과 성전 제사장들 사이에 결탁 구조가 형성되었습니다. 거룩한 하나님의 성전은 어느새 요란한 난장판이 되고 온갖 더러운 일들의 온상처럼 변질돼 있었습니다. 예수님은 그렇게 오염된 성전을 보시고, 성전 안에서 장사하는 자들을 내쫓고 화폐 바꿔주는 자들의 책상과 비둘기 파는 자들의 의자를 뒤엎으십니다(막 11:15-17, 요 2:13-17). 강도의 소굴이 된 성전을 하나님의 거룩한 성전으로 청결케 하십니다.

죄를 사하심

예수님은 침상에 누운 중풍병자에게 "네 죄 사함을 받았으니라"(마 9:2)라고 선언하셨습니다. 예수님은 육체의 질병을 고치시는 것으로 끝나지 않고 제사장으로서 죄 문제를 근본적으로 해결해 주십니다. 물론 주님은 공생애 기간 동안 많은 연약한 자들을 고치셨지만, 예수님의 사역의 초점은 언제나 죄사함에 있었습니다. 바로 이 일을 위해 예수님이 이 땅에 오신 것이니까요.

십자가에서 화목제물이 되심

제사장으로서 예수님이 감당하신 사역의 정점은 십자가에서 제물이 되어 죽으신 일입니다. 예수님이 화목제물로 자신을 드리신 십자가 사건의 의미를 살펴봅시다.

> 하물며 영원하신 성령으로 말미암아 흠 없는 자기를 하나님께 드린 그리스도의 피가 어찌 너희 양심을 죽은 행실에서 깨끗하게 하고 살아 계신 하나님을 섬기게 하지 못하겠느냐 이로 말미암아 그는 새 언약의 중보자시니 이는 첫 언약 때에 범한 죄에서 속량하려고 죽으사 부르심을 입은 자로 하여금 영원한 기업의 약속을 얻게 하려 하심이라(히 9:14-15).

오직 그리스도는 죄를 위하여 한 영원한 제사를 드리시고 하나님 우편에 앉으사 그 후에 자기 원수들을 자기 발등상이 되게 하실 때까지 기다리시나니 그가 거룩하게 된 자들을 한 번의 제사로 영원히 온전하게 하셨느니라(히 10:12-14).

곧 우리가 원수 되었을 때에 그의 아들의 죽으심으로 말미암아 하나님과 화목하게 되었은즉 화목하게 된 자로서는 더욱 그의 살아나심으로 말미암아 구원을 받을 것이니라 그뿐 아니라 이제 우리로 화목하게 하신 우리 주 예수 그리스도로 말미암아 하나님 안에서 또한 즐거워하느니라(롬 5:10-11).

이 말씀들에 따르면, 예수님은 대제사장이시면서 동시에 제물이 되셨습니다. 예수님은 자기 자신이 친히 화목제물이 되심으로써 구약의 제사와는 차원이 다른 영원하고 온전한 제사를 단번에 드리셨습니다. 이를 통해 예수님은 하나님의 모든 공의를 만족시키시고, 우리를 위한 모든 죄값을 완전히 지불하심으로 하나님과의 깨어진 관계를 화목하게 하셨습니다. 예수님이 스스로 고난당하시고 죽임당하심으로써, 죄의 지배와, 마귀의 권세와, 죄와 사망의 결과로부터 우리를 자유하게 하시고, 불경건한 죄인들을 거룩하신 하나님 앞에 설 수 있게 하셨습니다.[6] 이에 대해 믿음의 선조들은 어떻게 설명했는지 아래의 교리문답을 읽어봅시다.

◎ 하이델베르크 요리문답

31문. 왜 그분을 "그리스도", 즉 기름부음 받은 자라고 부릅니까?

답. 그분은 우리의 구원을 위한 하나님의 감춰진 계획과 뜻을 우리에게 온전히 계시하신 큰 선지자와 선생이 되시기로 아버지 하나님에게 세움 받으시고 성령으로 기름부음을 받으셨기 때문입니다. <u>그리고 자신의 몸을 희생제물로 단번에 드려 우리를 구속하시고, 우리를 위해 하나님 아버지께 항상 간구하시는 대제사장이 되시기 때문입니다.</u> 또한 그분의 말씀과 성령으로 우리를 다스리시고, 우리를 위해 값 주고 사신 그 구원을 (우리가 즐거워하도록 하기) 위해 우리를 보호하시고 보존하시는 우리의 영원한 왕이 되시기 때문입니다.

이처럼 예수님은 그분의 공생애 사역과 십자가 죽음을 통해 자신의 제사장 직분을 완벽하게 감당하셨습니다. 예수님이 십자가에서 드리신 화목제사는 죄에 대한 하나님의 진노와 저주가 얼마나 맹렬한지를 보여줌과 동시에 죄인들을 위해 마련하신 하나님의 은혜가 얼마나 크고 위대한지를 동시에 보여줍니다. 예수님의 제사장 직분은 단 한번으로 영원한 효력을 가지며, 모든 죄를 완전히 사하고, 시대와 민족과 혈통을 막론하고 그분을 신뢰하고 의지하는 모든 자에게 적용

됩니다. 따라서 우리를 위한 대제사장이신 예수님을 그리스도로 고백하는 자들은 오직 그분을 통해 하나님과 화평을 누리고, 하나님과 직접적인 교제를 누릴 수 있습니다.

그런데 오늘날 많은 사람들이 예수님이 구원의 유일한 길이 되신다는 사실을 부정합니다. 포스트 모더니즘의 영향을 받아 절대 진리를 인정하지 않고 다양한 상대 진리를 포용하려는 시도들이 만연합니다. 그럼에도 불구하고 우리는 오직 성경이 선언하는 바를 붙잡고 예수 그리스도의 유일하심을 분명히 해야 합니다.

먼저 예수님은 자기 자신을 다음과 같이 설명하십니다.

> 예수께서 이르시되 내가 곧 길이요 진리요 생명이니 나로 말미암지 않고는 아버지께로 올 자가 없느니라(요 14:6).

한글성경에는 잘 드러나지 않지만, 원어성경에는 '길', '진리', '생명' 앞에 정관사가 붙습니다. 따라서 '그 길', '그 진리', '그 생명'으로 번역되어야 합니다. 예수님은 오직 아버지께로 이를 수 있는 유일한 그 길이 되시고, 유일한 그 진리가 되시며, 유일한 그 생명이 되십니다. 이에 대해 성경은 이렇게 증언합니다.

하나님은 한 분이시요 또 하나님과 사람 사이에 중보자도 한 분이시니 곧 사람이신 그리스도 예수라 그가 모든 사람을 위하여 자기를 대속물로 주셨으니 기약이 이르러 주신 증거니라(딤전 2:5-6).

나의 자녀들아 내가 이것을 너희에게 씀은 너희로 죄를 범하지 않게 하려 함이라 만일 누가 죄를 범하여도 아버지 앞에서 우리에게 대언자가 있으니 곧 의로우신 예수 그리스도시라(요일 2:1).

이 예수를 하나님이 그의 피로써 믿음으로 말미암는 화목제물로 세우셨으니 이는 하나님께서 길이 참으시는 중에 전에 지은 죄를 간과하심으로 자기의 의로우심을 나타내려 하심이니(롬 3:25).

예수님을 통하지 않고서는 아버지께로 갈 수 있는 방법이 없습니다. 영원하시고 무한하시며 모든 선한 것의 원천이 되시는 하나님께로 나아갈 수 있는 다른 길, 다른 종교, 다른 존재는 없습니다. 오직 예수님만이 하나님이 세우신 유일한 중보자이자 가장 탁월한 제물이 되십니다.[7] 이 사실들을 근거로 사도들을 비롯한 초대 교회 성도들은 예수님을 그리스도로 고백했습니다. 오직 그분만이 우리의 대제사장이 되시므로 우리를 미혹하는 것들에 현혹되지 말고 우리가 믿고 고백하는 바를 굳게 붙들자고 권면했습니다.

이와 같이 우리에게 하늘로 올라가신 위대한 대제사장, 곧 하나님의 아들 예수가 계시니 우리가 고백한 신앙을 굳게 지킵시다. 이는 우리에게 계신 대제사장은 우리의 연약함을 동정하지 못하시는 분이 아니며 또한 모든 면에서 우리와 동일하게 시험을 당하셨으나 죄가 없으신 분이기 때문입니다(히 4:14-15, 우리말성경).

지금도 제사장 직분을 수행하시는 예수님

이스라엘의 역사 가운데 얼마나 많은 제사장들이 있었는지는 모릅니다. 그 중에는 직무를 성실히 감당한 제사장과 탁월한 업적을 남긴 제사장이 있었으며, 그와는 반대로 하나님 보시기에 불충했던 제사장과 악한 죄를 범하다가 하나님께 심판을 받은 제사장도 있었습니다. 제사장으로서 그들이 어떠했는지에 대한 평가는 다양할 수 있지만 누구 하나 예외없이 공통 분모가 있습니다. 그들의 제사장 직무는 끝나는 시점이 있었다는 것이지요. 일반적으로 회막에서 봉사하는 레위인은 50세까지만 그 직무를 감당할 수 있었습니다. 분명한 은퇴의 시점이 있었다는 것입니다. 이것을 마음대로 바꿀 수도 없을 뿐더러, 설령 계속 제사장 직무를 수행할 수 있었다 해도 반드시 은퇴해야만 하는 시점이 있으니 바로 죽음입니다. 우리 모두는 죽음을 넘어설 수 없는 유한한 존재이기 때문입니다.

이스라엘의 역사 가운데 존재했던 수많은 제사장들은 모두 유한한 존재였습니다. 그들의 수명, 그들이 맡은 직분도 유한했을 뿐만 아니라, 그들이 직무를 수행하던 회막과 성전도 유한했습니다. 그곳은 일시적이며 일종의 모형이었습니다. 하나님의 백성들은 유한한 제사장들을 보며 장차 완전하신 대제사장이 오셔서 하나님과의 막힌 담을 허시고, 하나님과의 관계를 회복시키시며, 그들을 위한 탁월한 중보자가 되어주시기를 대망하기 시작했습니다. 그런 가운데 선지자를 통해 주신 하나님의 약속은 백성들의 기대를 부풀리기에 충분했을 것입니다. 아래 성경구절을 읽어봅시다.

> 말하여 이르기를 만군의 여호와께서 이같이 말씀하시되 보라 <u>싹이라 이름하는 사람</u>이 자기 곳에서 돋아나서 여호와의 전을 건축하리라 그가 여호와의 전을 건축하고 영광도 얻고 그 자리에 앉아서 다스릴 것이요 또 제사장이 자기 자리에 있으리니 이 둘 사

이에 평화의 의논이 있으리라 하셨다 하고(슥 6:12-13).

스가랴의 환상 중 마지막에 위치한 대목입니다. 하나님은 스가랴 선지자를 통해 장차 "싹"이라 이름하는 자가 여호와의 전을 건축할 것을 대제사장 여호수아에게 선포하라고 말씀하십니다. 여기서 "싹"으로 번역된 히브리어 '체마흐'는 주로 메시아를 가리키는 의미로 사용됩니다(렘 23:5, 33:15, 사 53:2). 다윗의 후손으로 오실 그 싹은 장차 여호와의 전을 건축하게 될 것입니다. 또한 그는 제사장이자 동시에 왕으로서 영광스럽게 다스릴 것입니다. 스가랴 시대에는 포로에서 돌아온 자들이 일종의 모형으로서 성전을 재건하게 되지만, 그 싹이 오시면 열방이 모형이 아닌 참된 성전을 건축하는 날이 올 것입니다. 이는 그리스도의 몸된 교회를 가리킵니다(엡 1:23, 히 8:5, 히 9:11). 그러므로 메시아이자 그리스도이신 예수님은 자신의 피로 사신 바 된 교회를 세우시고, 영광을 얻으신 후 하늘 보좌 우편에 좌정하셔서 자신의 몸인 교회를 영원토록 다스리실 것입니다.

따라서 예수님의 대제사장 사역은 아직 종결된 것이 아닙니다. 또한 지상에서의 공생애를 마치고 승천하셨다고 해서 그리스도의 사역에서 은퇴하신 것도 아닙니다. 지금도 여전히 예수님은 우리의 대제사장으로서 그 사역을 감당하고 계십니다. 이에 대해 아래 말씀을 읽어 봅시다.

> 지금 우리가 하는 말의 요점은 이러한 대제사장이 우리에게 있다는 것이라 그는 하늘에서 지극히 크신 이의 보좌 우편에 앉으셨으니 성소와 참 장막에서 <u>섬기는 이</u>시라 이 장막은 주께서 세우신 것이요 사람이 세운 것이 아니니라(히 8:1-2).

성경은 예수님이 시간과 공간에 속하지 않은 영원한 성소에서 우리의 대제사장으로 섬기신다고 말합니다. 여기서 "섬기는 이"(a minister)로 번역된 헬라어 '레이투르고스'는 하나님을 섬기는 사역을 수행하는 자를 의미합니다. 지상의 성막과 성소에서 드려진 모든 제사는 하늘 성소에서 드려질 제사를 예표합니다. 또한 예수님의 속죄사역이 십자가에서 완성되었지만 예수님은 여전히 하늘에서 하나님을 섬기시는 분으로 성경은 언급합니다. 즉 대제사장으로서 예수님의 직분은 속죄사역 이후에도 변함없이 수행되고 있다는 점을 성경은 명확히 밝힙니다. 이에 대한 칼뱅의 설명을 읽어봅시다.

> 그러므로 그는 하늘에 앉으시사, 우리에게 자기의 권능을 주입하

서서 우리를 영적 생명으로 살리시며, 성령으로 우리를 성결하게 하시며, 각종 은사로 교회를 장식하시며, 교회가 해를 받지 않고 안전하도록 보호하시며, 그의 십자가와 우리의 구원에 반대하여 대적하는 원수들을 그의 강한 손으로 억제하시며, 끝으로 천지의 모든 권한을 잡고 계신다. 이 모든 일을 계속하시다가 드디어는 그의 원수이자 우리의 원수인 자들을 모두 굴복시키고 교회 건설을 완성하실 것이다(기독교강요 2권 16장 16절).

그렇다면 예수님은 지금 대제사장으로서 하나님 앞에서 어떤 직무로 섬기고 계실까요? 부활 승천하신 우리 주님은 지금 무엇을 하고 계십니까?

대제사장으로서의 중보 사역

승천하신 예수님은 지금도 성도들을 위해 중보하십니다. 기독교에서 중보(中保, Mediator)라는 것은 하나님과 사람 사이의 적대적 관계를 화해시키고 회복된 관계를 유지하도록 하는 것을 말합니다. 예수님은 구약의 제사장들이 반복적으로 드려야만 했던 불완전하고도 불충분한 제사와는 달리 자신의 피로 단번에 영원한 속죄를 이루셨습니다. 이를 통해 원수 관계였던 하나님과 우리 사이를 화목케 하셨습니다. 아래 말씀을 읽어봅시다.

그가 빛 가운데 계신 것 같이 우리도 빛 가운데 행하면 우리가 서로 사귐이 있고 그 아들 예수의 피가 우리를 모든 죄에서 깨끗하게 하실 것이요 만일 우리가 죄가 없다고 말하면 스스로 속이고 또 진리가 우리 속에 있지 아니할 것이요 만일 우리가 우리 죄를 자백하면 그는 미쁘시고 의로우사 우리 죄를 사하시며 우리를 모든 불의에서 깨끗하게 하실 것이요(요일 1:7-9).

나의 자녀들아 내가 이것을 너희에게 씀은 너희로 죄를 범하지 않게 하려 함이라 만일 누가 죄를 범하여도 아버지 앞에서 우리에게 대언자가 있으니 곧 의로우신 예수 그리스도시라 그는 우리 죄를 위한 화목제물이니 우리만 위할 뿐 아니요 온 세상의 죄를 위하심이라(요일 2:1-2).

예수님의 중보 사역은 2천 년 전 갈보리 언덕에서만 수행되고 끝난 것이 아닙니다. 무덤에서 부활하신 예수님은 승천하신 후, 손으로 만들지 않은 하늘 성소에서 변함없는 우리의 중보자로서 하나님 아버지와 우리를 화목케 하시고, 자신의 중재로 우리가 하나님의 보좌로 나아가는 길을 마련해 놓고 계십니다. 불쌍한 죄인들에게는 두려움이 가득할 그 보좌를 예수님은 매순간마다 은혜와 사랑으로 채워주고 계십니다.[8] 예수 그리스도의 중보 사역을 통해 우리의 구원 사역을 시작하신 하나님은 우리를 거룩하게 하실 뿐만 아니라 마침내 우리를 영화롭게 하실 때까지 우리를 끝까지 붙들고 가십니다(빌 1:6).

> 누가 정죄하리요 죽으실 뿐 아니라 다시 살아나신 이는 그리스도 예수시니 그는 하나님 우편에 계신 자요 <u>우리를 위하여 간구하시는 자</u>시니라(롬 8:34).

대제사장으로서의 기도 사역

저는 신학을 공부하기 전 서울의 작은 무역회사에서 직장생활을 했습니다. 출퇴근 시간의 지옥철이라든가, 꼰대(?) 같은 직장상사 밑에서 월급쟁이로 일한다는 게 어떤 건지 경험할 수 있었습니다. 하지만 무엇보다 힘들었던 건 직장에서 신앙인으로 살아가는 것이었습니다. 지친 하루 끝에 무거운 발걸음을 이끌고 수요기도회나 금요기도회에 간다는 것이 얼마나 곤한 것인지도 겪어봤습니다. 그렇다보니 직장에서의 신앙 문제로 고민하는 청년들의 상황을 공감할 수 있었고,

저의 경험을 토대로 청년들에게 필요한 조언을 줄 수 있었습니다.

그렇다고 목사인 제가 인생의 모든 것에 대한 정답을 알고 있는 것은 아닙니다. 성도들을 심방하다 보면 답답한 상황으로 인해 기도를 부탁하는 분들이 계십니다. 사업, 인간 관계, 자녀 양육, 건강 등 다양한 어려움을 겪고 계셨습니다. 마음은 안타까운데 어디서부터 어떻게 기도해야 할지 막막한 경우가 참 많습니다.

그러나 우리에게는 우리를 위해 기도하시는 탁월한 중보자 예수님이 계십니다. 예수님은 우리의 앉고 일어섬을 아시고 멀리서도 우리의 생각을 밝히 아십니다(시 139:1-2). 우리를 얼마나 세밀하게 아시는지, "아버지께서 나를 아시고 내가 아버지를 아는 것"처럼 아신다고 말씀하십니다(요 10:14). 또한 그분은 육신으로 이 땅에 오셔서 인생의 희노애락을 다 경험하셨습니다. 모든 것을 겪으셨고, 모든 것을 아시며, 모든 것을 이해하시고, 그렇기에 모든 것을 공감하실 수 있는 가장 탁월한 지혜자가 나를 위해 기도해 주신다면, 이보다 든든한 일이 어디 있겠습니까?

정말로 예수님은 지금 이 순간에도 하늘 보좌 우편에서 우리를 위해 기도하십니다. 아래 말씀을 읽어봅시다.

그러므로 자기를 힘입어 하나님께 나아가는 자들을 온전히 구원하실 수 있으니 이는 그가 항상 살아 계셔서 그들을 위하여 간구하심이라(히 7:25).

그러므로 우리에게 큰 대제사장이 계시니 승천하신 이 곧 하나님의 아들 예수시라 우리가 믿는 도리를 굳게 잡을지어다 우리에게 있는 대제사장은 우리의 연약함을 동정하지 못하실 이가 아니요 모든 일에 우리와 똑같이 시험을 받으신 이로되 죄는 없으시니라 그러므로 우리는 긍휼하심을 받고 때를 따라 돕는 은혜를 얻기 위하여 은혜의 보좌 앞에 담대히 나아갈 것이니라(히 4:14-16).

부활 승천하신 예수님은 영원히 살아계시기에 우리를 위한 주님의 기도도 영원히 지속될 것입니다. 천상의 대제사장이신 그리스도께서 매순간마다 우리를 위해 기도하시고, 우리에게 필요한 모든 것을 하나님께 아뢰어 주십니다. 이러한 기도 사역을 통해 하나님 아버지는 예수님 안에서 우리를 찾아오시고, 우리는 예수님 안에서 하나님 아버지를 만나게 됩니다.

나 자신을 보면 여전히 더럽고 부정합니다. 차마 성도(聖徒)라고 하기 부끄러울 정도로 연약하고 흠이 많습니다. 나는 예수님을 믿고 구원받았다고 하는데 뭔가 달라진 것이 보이지 않습니다. 죄의 유혹들은 거세게 밀려오고, 쉽사리 넘어지는 나 자신을 보게 됩니다. 이것이 거룩하고 전능하신 하나님의 백성다운 모습이라 할 수 있을까요?

그러나 우리가 하나님과 원수되었을 때에 예수님이 친히 자기 자신을 희생제물로 드리셔서 우리로 하여금 하나님과 화목을 이루게 하셨습니다. 그리스도 안에서 우리는 하나님 앞에 담대히 나아갈 수 있게 되었습니다. 그리스도가 우리의 왕이 되시기에 우리가 고난을 견딜 수 있는 것처럼, 그리스도가 우리의 제사장이 되시기에 우리는 담대히 하나님 앞에 설 수 있고, 그리스도가 우리를 위해 중보하시기에 우리는 사랑받는 자녀로 거룩하신 하나님 앞에 나아가 그분을 아버지라고 부를 수 있는 것입니다.

그뿐만이 아닙니다. 우리 믿음의 선배들은 그리스도의 제사장직이 오늘 우리에게 어떤 유익이 있는지를 다음과 같이 설명합니다. 아래의 교리문답을 읽어봅시다.

◎ 제네바교리문답

43문. 그리스도의 제사장직은 우리에게 무슨 유익이 있습니까?

답. 첫째로 그리스도께서는 이 직분을 통해 우리를 하나님 아버지와 화해시키시는 중보자가 되셨다는 것입니다. 둘째로 이 직분을 통해 우리는 하나님 앞에 나아가 우리 자신으로부터 나오는 모든 것과 함께 우리 자신을 하나님께 제물로 바칠 수 있는 길을 얻게 되었다는 것입니다. 이 때문에 우리는 그분의 제사장직에 참여하고 있는 유익을 얻게 된 것입니다.

종교개혁자 칼뱅은 예수님이 십자가를 통해 우리를 위해 단번에 이루신 완전한 속죄, 그 한번으로 제사장의 모든 역할을 마치신 것이 아니라, 우리의 영원한 중보자로서 그 사역을 지금도 감당하신다고 설명합니다. 지금도 하늘 보좌 우편에서 우리를 위하여 간구하심으로, 우리의 연약함을 도우시고 우리와 하나님과의 관계를 유지시키신다는 것을 강조합니다. 이 중보 사역 덕분에 우리는 우리의 죄와 연약함에도 불구하고 하나님께 나아갈 수 있는 담대함을 얻으며, 그분의 중보 사역으로 인하여 우리는 하나님과의 직접적인 교제와 기도의 특권을 누리고, 그분의 간구하심을 통해 우리는 우리 자신을 거룩한 산 제물로 하나님께 드릴 수 있게 되었다고 설명합니다.[9]

오래전 대구에서 유치부 사역자로 섬길 때의 일입니다. 분주한 사역으로 몸과 마음이 지쳐버린 어느 주일, 유치부 예배를 마치고 잠시 한숨을 돌리던 제게 한 어머니의 손을 잡고 유치부 아이가 다가왔습니다. 그러고는 자기 손에 꼭 쥐고 있던 막대사탕을 제게 건네주고 가는 것이었습니다. 그날 그 아이에게 막대사탕은 어쩌면 자기의 모든 것이었을지 모르겠습니다. 그토록 귀한 것을 저에게 건네주었을 때, 제가 받은 감동은 상상 이상이었습니다.

우리의 하늘 아버지께서도 그러하십니다. 온 우주만물의 창조주가 되시며 모든 것에 부요하신 분께서 무엇이 부족하시겠습니까? 무엇이 아쉬우시겠습니까? 그럼에도 측량할 수 없는 은혜와 사랑에 압도된 자녀들이 하늘 아버지께 나아와 자기의 모든 것을 기꺼이 올려드릴 때에 지극히 기뻐하실 것은 당연하지 않겠습니까? 우리의 기도가 조금 미숙하더라도 우리의 대제사장께서 온전하게 하실 것입니다. 우리의 헌신이 조금 부족해도 우리의 대제사장께서 온전하게 하실 것입니다. 때로는 우리의 결단과 다짐이 조금 미약해도, 그럼에도 연약하고 흠 많은 우리 자신을 하나님께 구별하여 올려드릴 때 지금도 하늘에서 변함없이 대제사장으로 섬기고 계신 예수님은 우리가 올려드린 것을 하나님이 흠향하시는 제물이 되게 하실 것입니다. 아래의 말씀을 읽어봅시다.

또한 우리에게는 하나님의 집을 다스리는 위대한 제사장이 계십니다. 우리가 죄악 된 양심으로부터 마음을 깨끗이 씻고 맑은 물로 몸을 씻었으므로 확신에 찬 믿음과 참된 마음으로 하나님께 나아갑시다(히 10:21-22, 우리말성경).

5. 선지자이신 그리스도

구약의 선지자

유한한 인간은 미래를 예측할 뿐 정확히 알지는 못합니다. 미래를 안다면 그보다 큰 권력이 없을 것입니다. 그래서 사람들은 미래의 일을 궁금해 하고 그것을 알기 위해 온갖 수단을 동원합니다. 이러한 인간의 욕망은 종교에도 영향을 미쳤습니다. 오래전부터 인간은 신의 힘을 빌어 점을 치거나 신탁을 받는 식으로 앞날을 내다보려 했습니다. 그럼으로써 미래의 불확실성에서 비롯되는 불안을 통제하고 이를 자신의 힘으로 삼으려 했을 것입니다. 신으로부터 직접 미래의 지식을 듣는 사람이 권력자로 간주되는 건 당연했습니다. 이렇게 신의 음성을 듣고 이를 전달하는 사람들을 선지자(先知者)라고 불렀으며, 영어로는 '미리 말하는 사람'이라는 뜻의 'prophet'이라고 했습니다. 흔히 우리가 말하는 예언자(豫言者)도 비슷한 의미입니다. 남들이 알 수 없는, 미래에 일어날 일들을 미리 내다보고 말하는 사람을 의미하죠.

그러나 성경에서 말하는 선지자란 단순히 미래의 일을 미리 알고 이를 알려주는 사람이 아닙니다. 성경에서 말하는 선지자는 기본적으로 '하나님의 말씀'을 전달하는 자입니다. 그들은 자기 백성에게 말씀하시는 하나님의 스피커이자(출 4:12, 신 18:18-19, 렘 1:7, 7:2-3, 렘 26:2, 겔 2:7), 전능하신 하나님이 그분의 소유인 모든 만물에게 말씀하시는 일종의 통로 역할을 감당했습니다(출 6:29, 욘 1:1-2, 사 19:1, 45:1).

물론 구약의 선지자들도 장차 일어날 일들에 대해 예언하긴 했습니다(왕하 4:16). 그러나 그 예언의 목적은, 선지자를 통해 대언하시는 하나님의 말씀을 그 백성들이 들을 뿐만 아니라 들은 후에 그 말씀에 순종하게 하는 데 있었습니다. 따라서 선지자들이 대언하는 하나님의 말씀에는, 백성들이 그 말씀에 순종할 때 받게 될 복과 불순종할 때 받게 될 저주에 대한 내용이 담겨 있곤 했습니다. 아래의 말씀을 읽어봅시다.

> 평화를 예언하는 선지자는 그 예언자의 말이 응한 후에야 그가 진실로 여호와께서 보내신 선지자로 인정 받게 되리라(렘 28:9).

이 말씀에는 '선지자'와 '예언자'라는 표현이 함께 나옵니다. 한글 번역으로는 서로 다른 단어인 것 같으나 원어로는 동일한 히브리어 '나비'가 사용되었습니다. 또한 '예언하다'라는 단어 역시 같은 뿌리를 두고 있습니다. 성경에서 동일한 직분을 때로는 선지자로, 때로는 예언자로도 번역하는 이유입니다. 표현이 선지자든 예언자든, 성경이 말하는 참된 선지자(혹은 예언자)는 늘상 '하나님의 말씀'과 뗄 수 없는 자들이며 그들이 전한 예언이 실현된 후에, 사람들은 비로소 그들이 진실로 하나님이 보내신 자라는 사실을 인정하게 됩니다.

그렇다면 구약의 선지자들은 어떻게 그 직분을 받습니까? 선지자는 이스라엘의 왕이나 제사장처럼 혈통에 따라 직분을 받는 것이 아닙니다. 선지자 직분은 하나님의 직접적인 부르심을 받아야만 시작할 수 있었습니다. 모세를 보십시오. 성경은 그가 불타는 떨기나무 앞에서 하나님의 직접적인 부르심을 받는 장면을 기록합니다(출 3:1-10). 이뿐만 아니라 성경은 사무엘(삼상 3:20, 행 3:24), 이사야(사6:1-13), 예레미야(렘1:4-10) 등이 선지자로 세워지는 장면에서 분명한 하나님의 부르심을 받는 장면을 기록합니다. 이처럼 선지자 직분은 혈통과 가문에 제한을 받지 않고, 오직 하나님의 직접적인 부르심을 통해서만 시작할 수 있었습니다.

충격적인 사실은, 이스라엘 역사 속에서 수많은 선지자들이 있었지만 오히려 거짓 선지자들이 더 많았고 그들이 끊임없는 부패의 온상이 되곤 했다는 것입니다. 대부분 하나님의 직접적인 부르심, 곧 내적 소명을 받아 선지자가 되는 직분의 특성상 누가 진짜 하나님의 부르심을 받았는지 분간하기 어려웠습니다. 물론 하나님은 진짜와 거짓 선지자를 구별하는 법을 말씀하시고 선지자가 하나님의 이름을 빌어 자의로 또는 다른 신의 이름으로 예언하면 죽음에 처할 것을 단호히 명하셨지만(신 18:15-22), 시대가 지날수록 점점 더 많은 거짓 선지자들이 나타나면서 누가 참된 예언을 하는지 분간하기 어려워졌습니다.

거짓 선지자의 특징은 무엇입니까? 그들은 하나같이 자신의 이익을 위해 예언하고(겔 13:6), 하나님의 뜻과는 상관없이 백성들이 듣고 싶은 말만 전했으며(렘 6:14, 8:11), 하나님의 계시가 없어도 자신의 생각을 하나님의 계시인 것처럼 포장해 전했습니다(렘 23:16). 대표적으로 아합 시대에 400명의 거짓 선지자들이 있었습니다(왕상 22:6). 그들은 주의 이름으로 예언했으나 하나님이 세우신 선지자는 아니었습니다. 또한 예레미야서도 당시에 수많은 거짓 선지자들이 있었다고 증언합니다. 그들은 자신의 기득권을 위해 듣기 좋은 말만 하는 사기꾼에 지나지 않았습니다.

하나님의 백성은 친히 하나님이 주시는 말씀을 받아 먹으며 살아갑니다(신 8:3). 구약시대에 이스라엘은 하나님의 말씀을 그분께서 세우신 참 선지자를 통해 공급받고 그 말씀을 먹고 순종하며 살아가야 했지만, 현실은 그것과 거리가 멀었습니다. 하나님의 계시가 없었음에도 자신의 이득을 위해 거짓말을 일삼고, 하나님이 세우시지 않았음에도 자신을 선지자라고 주장하는 거짓말쟁이들이 넘쳐났습니다. 주변에 온통 가짜들뿐이니 이보다 참담한 상황이 또 어디 있겠습니까?

물론 하나님께 분명한 부르심을 받아 그 직분을 감당하는 선지자들이 있었습니다. 그들은 절대 다수의 거짓 선지자들 사이에서 하나님의 말씀을 바르게 대언하려 애썼습니다. 그 결과는 무엇이었습니까? 그들은 오히려 미움을 받고(왕상 22:8), 온갖 수치를 당했으며(렘 28:10-11), 때로는 구타를 당했습니다(렘 20:1-2). 선지자로서 자신이 전한 하나님의 말씀 때문에 때로는 감옥에 갇히고(렘 37:11-16), 구덩이에 던져지고

(렘 38:6), 심지어 죽음의 위기를 맞았습니다(왕상 19:2). 선지자 중에는 예언을 선포하는 것이 너무 고통스러워 자신의 소명을 외면하고 싶었지만, 마음속에 불타오르는 하나님의 말씀을 억누를 수 없어서 담대하게 외친 신실한 자들도 있습니다(렘 20:9).

그러나 수많은 거짓 선지자들과 다르게 신실했던 그들조차 불완전하고 연약한 인간에 불과했습니다. 모세를 보십시오. 모세는 하나님의 백성을 이끌고 출애굽했을 뿐만 아니라, 하나님과 직접 대면해 시내산에서 율법을 받은 위대한 선지자였으나 가데스에서 하나님의 거룩함을 나타내지 못한 잘못을 저질러 약속의 땅에 들어가지 못했습니다(민 20:7-12). 마지막 사사이자 선지자였던 사무엘을 보십시오. 그는 이스라엘의 두 왕에게 기름을 부었고 신실하게 그 사명을 감당했으나 자식들을 신앙 가운데 기르는 일에 실패했습니다(삼상 8:1-3). 갈멜산에서 바알과 아세라 선지자들과 맞섰던 엘리야를 보십시오. 그는 담대하고 위대한 능력을 보여준 선지자였으나 큰 좌절과 낙담, 두려움에 빠지기도 했습니다(왕상 19:4). 니느웨에 심판을 선포하라는 명령을 받았던 요나를 보십시오. 그는 하나님의 명령에 불순종하여 도망갔다가 물고기 뱃속에 들어갔습니다. 이후에 니느웨로 돌아가 심판의 메시지를 전했지만 니느웨 백성들이 회개하자 오히려 하나님을 원망하는 연약함을 드러냈습니다.

이는 하나님이 직접 세우신 선지자라도 그들이 인간인 이상 완전할 수 없다는 점을 여실히 보여줍니다. 아무리 하나님께 쓰임받은 귀한 선지자라도 결국 그들은 연약한 인간의 한계를 뛰어넘지 못했습니다. 그들 모두가 죽음을 초월할 수 없는 유한한 존재이자 죄성을 가진 죄인이었기 때문입니다.

이와 같은 현실에 직면한 하나님의 백성들은 참되고 완전한 선지자를 대망하기 시작합니다. 그분이 오시면 하나님의 모든 말씀을 우리에게 밝히 가르쳐주실 것입니다(막 6:6, 34). 우리의 오해와 죄성으로 왜곡된 율법을 바르게 교정해 주시고(마 5:21-48), 우리의 부족한 지혜와 지식으로 깨닫지 못하던 하나님 말씀을 상세히 풀어주실 것입니다(마 13:10-33). 장차 이 땅에 임하실 그분은 율법과 선지자를 완성하실 것이며(마 5:17-20), 무엇보다 참 선지자이신 그분을 통해 우리는 보이지 않는 하나님을 보게 될 것입니다(요 1:18). 하나님의 백성들은 그렇게 참 선지자이신 그리스도를 고대하기 시작했습니다.

선지자 직분을 수행하신 예수님

구약성경에는 장차 오실 그리스도가 참 선지자로서 백성 중에 오실 것에 대한 예언들이 기록되어 있습니다. 자비롭고 긍휼이 많으신 하나님이 죄악으로 어두워진 그들의 눈을 열어 하나님의 말씀을 깨닫게 하시고, 하나님의 영광을 친히 나타낼 영원한 선지자를 보내시리라는 내용입니다. 그분은 구약의 수많은 선지자들이 예표해 왔던 실체가 되시는 그리스도이십니다. 아래의 말씀을 읽어봅시다.

> 주 여호와의 영이 내게 내리셨으니 이는 여호와께서 내게 기름을 부으사 가난한 자에게 아름다운 소식을 전하게 하려 하심이라 나를 보내사 마음이 상한 자를 고치며 포로된 자에게 자유를, 갇힌 자에게 놓임을 선포하며(사 61:1).

선지자 이사야는 성령의 감동케 하심을 받아 장차 오실 여호와의 종에 대한 소식을 전했습니다. 이는 일차적으로 바벨론 포로에서 돌아온 백성들을 여호와의 종이 위로하고 회복시킬 것에 대한 예언이지만, 궁극적으로는 장차 이 땅에 도래하실 그리스도에 대한 예언이었습니다. 그로부터 약 800년

이 지나고 예수님은 나사렛 회당에서 이사야서를 낭독하신 후 이 예언의 말씀이 오늘 그들 가운데 성취되었다고 선언하십니다.

> 예수께서 그 자라나신 곳 나사렛에 이르사 안식일에 늘 하시던 대로 회당에 들어가사 성경을 읽으려고 서시매 선지자 이사야의 글을 드리거늘 책을 펴서 이렇게 기록된 데를 찾으시니 곧 주의 성령이 내게 임하셨으니 이는 가난한 자에게 복음을 전하게 하시려고 내게 기름을 부으시고 나를 보내사 포로 된 자에게 자유를, 눈 먼 자에게 다시 보게 함을 전파하며 눌린 자를 자유롭게 하고 주의 은혜의 해를 전파하게 하려 하심이라 하였더라 책을 덮어 그 맡은 자에게 주시고 앉으시니 회당에 있는 자들이 다 주목하여 보더라 이에 예수께서 그들에게 말씀하시되 <u>이 글이 오늘 너희 귀에 응하였느니라</u> 하시니(눅 4:16-21).

21절의 "응하였느니라"는 표현은 헬라어로 '플레로오', 즉 '완전케 하다,' '빈 잔에 물을 가득 채우다'라는 의미를 가지고 있습니다. 이는 이사야가 예언한 여호와의 의로운 종이자, 장차 이 땅에서 그리스도의 선지자 직분을 감당할 이가 바로 자신임을 말씀하신 것입니다. 예수님의 선지자 직분에 대한 예언이 비단 이사야서에만 있는 것이 아닙니다. 이사야로부터 약 700년 전으로 거슬러 올라가볼까요? 아래의 말씀을 읽어봅시다.

> 네 하나님 여호와께서 너희 가운데 네 형제 중에서 너를 위하여 <u>나와 같은 선지자 하나를 일으키시리니</u> 너희는 그의 말을 들을지니라 이것이 곧 네가 총회의 날에 호렙 산에서 네 하나님 여호와께 구한 것이라 곧 네가 말하기를 내가 다시는 내 하나님 여호와의 음성을 듣지 않게 하시고 다시는 이 큰 불을 보지 않게 하소서 두렵건대 내가 죽을까 하나이다 하매 여호와께서 내게 이르시되 그들의 말이 옳도다 <u>내가 그들의 형제 중에서 너와 같은 선지자 하나를 그들을 위하여 일으키고 내 말을 그 입에 두리니 내가 그에게 명령하는 것을 그가 무리에게 다 말하리라</u>(신 18:15-18).

하나님은 모세를 통해서도 말씀하십니다. 장차 이스라엘 가운데 모세와 같은 선지자를 세우실 것이며, 그분이 백성들에게 하나님의 말씀을 전파하게 될 것임을 약속하십니다. 그 말씀은 일차적으로 장차 모세의 뒤를 이어 세워질 많은 구약의 선지자들을 가리키지만, 궁극적으로는 영원한 선지자로 오시는 그리스도를 향하고 있습니다. 모세 이후로도 많은 선지자들이 세워질 것이지만, 영원한 선지자로 오시는 그분은 모세보다 더 위대하실 것입니다. 그분은 하나님의 집을 맡은 아들 그리스도이십니다(히 3:1-6).

참 선지자의 부재(不在)로 인해 하나님의 백성들이 하나님의 말씀을 듣지 못한다는 것은 얼마나 고통스러웠을까요? 하나님의 백성에게는 참 선지자가 필요했습니다. 인간의 불완전함과 연약함에 얽매이지 않고 영원토록 참 선지자로 계실 그리스도가 속히 오시기를 얼마나 고대했을까요? 언젠가 그분이 오셔서 하나님의 갈급했던 백성에게 탁월한 성경교사로서 말씀을 풀어주시고 하나님의 뜻을 전해 주시기를 앙망하지 않았겠습니까? 아래 말씀을 읽어봅시다.

> 이 구원에 대하여는 너희에게 임할 은혜를 예언하던 선지자들이 연구하고 부지런히 살펴서 <u>자기 속에 계신 그리스도의 영이 그 받으실 고난과 후에 받으실 영광</u>을 미리 증언하여 누구를 또는 어떠한 때를 지시하시는지 상고하니라 이 섬긴 바가 자기를 위한 것이 아니요 너희를 위한 것임이 계시로 알게 되었으니 이것은 하늘로부터 보내신 성령을 힘입어 복음을 전하는 자들로 이제 너희에게 알린 것이요 천사들도 살펴 보기를 원하는 것이니라(벧전 1:10-12).

구약의 이스라엘은 너무나도 간절히 기다렸습니다. 언젠가 메시아 곧 그리스도가 놀라운 구원을 가져다주시리라는 소망을 품었습니다.[10] 그리고 마침내 하나님은 독생하신 아들 예수님을 이 땅에 보내십니다. 예수님은 공생애 기간 동안 그리스도로서, 특별히 선지자 직분을 어떻게 감당하십니까? 아래의 말씀을 읽어봅시다.

> 내가 율법이나 선지자를 폐하러 온 줄로 생각하지 말라 <u>폐하러 온 것이 아니요 완전하게 하려 함이라</u> 진실로 너희에게 이르노니 천지가 없어지기 전에는 율법의 일점 일획도 결코 없어지지 아니하고 다 이루리라 그러므로 누구든지 이 계명 중의 지극히 작은 것 하나라도 버리고 또 그같이 사람을 가르치는 자는 천국에서 지극히 작다 일컬음을 받을 것이요 누구든지 이를 행하며 가르치는 자는 천국에서 크다 일컬음을 받으리라 내가 너희에게 이르노니 너희 의가 서기관과 바리새인보다 더 낫지 못하면 결코 천국에 들어가지 못하리라 옛 사람에게 말한 바 살인하지 말라 누구든지 살인하면 심판을 받게 되리라 하였다는 것을 너희가 들었으나 <u>나는 너희에게 이르노니</u> …(중략)… <u>또</u> 옛 사람에게 말한 바 헛맹세를 하지 말고 네 맹세한 것을 주께 지키라 하였다는 것을 <u>너희가 들었으나 나는 너희에게 이르노니</u> …(중략)… <u>또</u> 눈은 눈으

로, 이는 이로 갚으라 하였다는 것을 너희가 들었으나 나는 너희에게 이르노니 악한 자를 대적하지 말라 …(중략)… 또 네 이웃을 사랑하고 네 원수를 미워하라 하였다는 것을 너희가 들었으나 나는 너희에게 이르노니 너희 원수를 사랑하며 너희를 박해하는 자를 위하여 기도하라 …(중략)… 너희가 너희를 사랑하는 자를 사랑하면 무슨 상이 있으리요 세리도 이같이 아니하느냐 또 너희가 너희 형제에게만 문안하면 남보다 더하는 것이 무엇이냐 이방인들도 이같이 아니하느냐 그러므로 하늘에 계신 너희 아버지의 온전하심과 같이 너희도 온전하라(마 5:17-48).

예수님은 '율법'과 '선지자'가 의미하는 구약성경 전체를 무효화하거나 폐기하러 오신 것이 아니라 오히려 완성하러 오셨습니다. 예수님은 구약에서 하나님이 계시하신 모든 약속과 소망을 성취하는 그리스도로 이 땅에 임하셨습니다. 그분은 율법의 제정자이자 수여자이시고 또한 완성자가 되시기 때문입니다.

이어지는 말씀을 보면 "~을 너희가 들었으나 나는 너희에게 이르노니"라는 구조로 여섯 차례 말씀하시는 것을 볼 수 있습니다. 당시의 종교지도자들은 하나님의 율법이 모두 동등한 중요성을 가진 것이 아니라 '무거운 계명'이 있는 반면

'가벼운 계명'도 있다고 생각했습니다. 그것이 세월이 흐르면서 본래 의도와는 달리 계명이 그저 윤리적인 자기 의를 드러내는 수단으로 변질되고 말았습니다. 이 때문에 참 선지자이신 예수님은 그간 종교지도자들이 잘못 해석하고 적용해왔던 율법의 항목들을 지적하시며 바른 해석과 적용에 대해 가르쳐주십니다.

예수님은 참 선지자로서 하나님 나라의 복음도 선포하십니다(막 1:14-15). 그분의 가르침은 다른 종교지도자들과는 다르게 권위가 있었고, 사람들은 주님의 말씀에 깜짝 놀라게 됩니다(마 7:28-29). 예수님은 하나님의 성품과 뜻을 완벽하게 드러내시고(요 1:18), 사람들의 숨겨진 죄악을 말씀을 토대로 책망하고 꾸짖으시며(마 23장), 하나님의 마음으로 가난한 자들과 소외된 자들을 돌보셨습니다(눅 4:18-19). 또한 장차 일어날 자신의 죽음과 부활(마 16:21)과 예루살렘의 멸망(눅 21:20-24), 그리고 장차 일어날 종말과 재림의 날에 대해서도 예언하셨습니다(마 24:30-31). 예수님은 구약의 많은 선지자들이 그토록 소망을 품고 선포했던 모든 메시아 예언의 실체가 되십니다. 그분의 공생애는 성부 하나님을 온전히 드러낼 뿐만 아니라 하나님의 말씀을 완벽히 계시하시는 말씀 그 자체이기도 하십니다(요 1:14). 예수님의 이런 모습을 지켜보는 사람들은 그분을 참 선지자로 인정하지 않을 수가 없었습니다(요 1:45, 6:14, 7:40, 행 3:20-24).

이에 대해 사도 바울은 그리스도가 우리에게 지혜로서 주어졌다고 말하며(고전 1:30), 그분 안에 지혜와 지식의 모든 보화가 감추어져 있다고도 선언합니다(골 2:3). 예수님은 완전하고도 영원한 선지자로서 이 땅 가운데 하나님의 뜻을 완전하게 알리셨고, 오직 예수님만이 하나님을 온전하게 드러내는 말씀이 되심으로(요 1:1) 그분 안에서 하나님의 백성들이 아버지를 바라볼 수 있게 되었습니다. 종교개혁자 칼뱅의 설명을 들어봅시다.

> … 그(그리스도)가 전하신 <u>완전한 가르침이 모든 예언을 종결시켰다</u>는 것은 확실하다. 그러므로 복음으로 만족하지 않고 밖에서 무엇을 가져다가 복음에 끼워놓는 사람들은 모두 그리스도의 권위를 깎아내린다 …(중략)… 즉, 그리스도 외에는 알 가치가 있는 것이 없으며, 그리스도가 어떤 분이신지를 믿음으로 깨달은 사람은 하늘 은혜의 무한한 전체를 깨달았다는 뜻이다 …(중략)… 그리스도의 예언자로서의 위엄을 생각할 때에, 우리는 그가 우리에게 가르치신 모든 말씀에 완전한 지혜의 모든 부분이 포함되어 있다는 것을 알 수 있다(기독교강요 2권 15장 2항).

칼뱅은 그리스도가 구약의 많은 선지자들처럼 하나님의 계시를 전달하던 도구(혹은 통로)가 아니라 계시 그 자체이시며, 그분의 완전하신 말씀이 모든 예언을 성취하신 것으로 선언합니다. 오직 예수님만이 하나님을 온전히 드러내시는 참 선지자가 되시기 때문에 그분 외에 다른 알 만한 가치있는 것이 없고, 그분이 전하신 말씀과 인격과 행위 모두가 완전한 지혜로 충만하다고 설명합니다. 또한 아래의 해설을 읽어봅시다.

◎ **제네바요리문답**

39문: 당신은 어떤 이유로 예수 그리스도를 선지자로 부릅니까?

답: 그분은 <u>하나님 아버지의 가장 높으신 대언자요 보내심을 받은 자</u>로서 이 세상에 오셨습니다. 또한 <u>하나님의 뜻을 세상에 분명히 밝혀 주시고 모든 예언과 계시를 완성하셨기</u> 때문입니다.

(히 1:1-2) 옛적에 선지자들로 여러 부분과 여러 모양으로 우리 조상들에게 말씀하신 하나님이, 이 모든 날 마지막에 아들로 우리에게 말씀하셨으니 이 아들을 만유의 후사로 세우시고 또 저로 말미암아 모든 세계를 지으셨느니라.

그렇습니다. 예수 그리스도는 모든 계시의 목표요 완성이 되십니다. 따라서 예수님을 통하지 않고서는 하나님을 알 수 없습니다. 그분만이 교회의 유일한 교사이시고, 영원하신 선지자이시므로 우리는 그분의 입으로부터 나오는 모든 말씀을 들어야 합니다. 전능하고 위대한 왕이시자 동시에 자비롭고 겸손한 제사장이신 그리스도는 영원한 참 선지자이십니다. 그분은 완전한 하나님으로서 죄가 없으시고 영원하시며 불변하십니다. 그분은 거룩하신 하나님의 아들로서 우리에게 자애로우신 아버지를 비춰주시고, 무한하신 하나님께로 우리를 인도합니다. 그분은 아버지로부터 내려오신 생명의 말씀 그 자체이시며(요 1:14, 요일 1:1-2), 오직 그분을 통해 우리는 엄위하신 능력의 하나님을 바라볼 수 있게 되었습니다(요 1:18). 이 사실을 고백하는 자마다 다음과 같이 담대히 외칠 수 있습니다.

> 그리스도께서 하나님 곧 우리 아버지의 뜻을 따라 이 악한 세대에서 우리를 건지시려고 우리 죄를 대속하기 위하여 자기 몸을 주셨으니 영광이 그에게 세세토록 있을지어다 아멘(갈 1:4-5).

지금도 선지자 직분을 수행하시는 예수님

경남 창원에 있는 아주 작은 학교에서 어느 선생님의 퇴임식이 열렸습니다. 그날은 36년간의 교직 생활을 마무리하는 날이었는데요. 이날의 장면이 인상 깊었던 것은 36년 전 처음 맡았던 제자들부터 은퇴하는 날까지 가르치던 모든 제자들이 함께 모여 선생님의 퇴임식을 축하했다는 것입니다. 늘 정이 많으셨던 선생님은 학교에서 학생들을 가르치는 일 외에도 청소년 상담소를 운영하며 어려운 학생들을 집으로 데려와 먹이고 재우고 입히면서 돌봐주셨습니다. 선생님에게 사랑을 받았던 다양한 연령대의 제자들이 선생님의 교직 생활 마지막에 하객이 되어 찾아왔고 진심어린 감사의 마음을 전했습니다.[11] 많은 제자들에게 선한 영향력을 끼친 스승의 은퇴식은 그야말로 감동이었습니다.

세상의 뛰어난 스승이라도 결국은 교편을 놓게 되는 시점이 있습니다. 아무리 지역사회의 많은 인재를 발굴하고, 선한 영향력을 끼쳤다 해도 퇴임의 시기는 있는 법입니다. 물론 교직에서는 물러나더라도 은퇴 이후에 다른 분야에서 일할 수 있는 기회는 얼마든지 있겠지요. 그러나 그 일 역시 마치는 시점이 분명 존재합니다. 우리 인간의 육신은 영원하지 않으니까요. 그렇다면 우리의 탁월한 성경 교사이자 말씀이신 예수님은 어떠실까요? 그분도 때가 되어 선지자의 직분에서 은퇴하셨을까요?

그렇지 않습니다. 그분은 십자가에 못박혀 죽으셨으나 곧 죽음의 권세를 이기고 부활하셨습니다. 다시 살아나신 예수님은 바로 하늘로 오르시지 않고 계속 선지자의 직분을 수행하시는데요. 먼저는 모세와 모든 선지자의 글을 비롯한 모든 성경이 주님 자신에 관해 말씀하신 것임을 제자들에게 가르치십니다(눅 24:27). 또한 제자들의 마음을 열어 성경을 깨닫게 하십니다(눅 24:45). 그런 다음 승천하신 이후에도 예수님은 성령을 통해 이 일을 계속 감당하십니다. 오순절 성령 강림을 통해 변화된 사도들을 보십시오. 그들은 구약 선지자들의 예언을 인용하면서 그토록 기다리던 메시아, 곧 그리스도가 바로 예수님이라는 사실을 담대히 증언합니다. 아래 말씀을 읽어봅시다.

> 베드로가 열한 사도와 함께 서서 소리를 높여 이르되 유대인들과 예루살렘에 사는 모든 사람들아 이 일을 너희로 알게 할 것이니 내 말에 귀를 기울이라 …(중략)… 누구든지 주의 이름을 부르는 자는 구원을 받으리라 하였느니라 이스라엘 사람들아 이 말을

들으라 너희도 아는 바와 같이 하나님께서 나사렛 예수로 큰 권능과 기사와 표적을 너희 가운데서 베푸사 너희 앞에서 그를 증언하셨느니라 그가 하나님께서 정하신 뜻과 미리 아신 대로 내준 바 되었거늘 너희가 법 없는 자들의 손을 빌려 못 박아 죽였으나 하나님께서 그를 사망의 고통에서 풀어 살리셨으니 이는 그가 사망에 매여 있을 수 없었음이라 …(중략)… 이 예수를 하나님이 살리신지라 우리가 다 이 일에 증인이로다 하나님이 오른손으로 예수를 높이시매 그가 약속하신 성령을 아버지께 받아서 너희가 보고 듣는 이것을 부어 주셨느니라 다윗은 하늘에 올라가지 못하였으나 친히 말하여 이르되 주께서 내 주에게 말씀하시기를 내가 네 원수로 네 발등상이 되게 하기까지 너는 내 우편에 앉아 있으라 하셨도다 하였으니 그런즉 이스라엘 온 집은 확실히 알지니 너희가 십자가에 못 박은 이 예수를 하나님이 주와 그리스도가 되게 하셨느니라 하니라(행 2:14-36).

특히 베드로 사도는 부활 승천하신 예수님이 이후에도 성령을 통해 선지자의 사역을 감당하고 계심을 말하고 있습니다. 실제로 오순절 성령강림 사건 이후로 사도들은 놀랍게 달라졌습니다. 그들이 알고 있던 구약의 모든 말씀이 성령의 역사를 통해 그리스도와 연결되었고, 모든 퍼즐이 예수 그리스도로 맞춰지자 담대히 외치지 않을 수 없었습니다. "너희가 십자가에 못 박은 이 예수가 구약에서부터 예언된 그 메시아, 곧 그리스도이시다"라고 말이죠!

그렇습니다. 부활 승천하신 예수님은 물리적으로는 이 땅에 계시지 않지만, 그럼에도 불구하고 자신의 성령을 통해 선지자의 직분을 감당하고 계십니다. 말씀이신 그리스도는 그 진리의 말씀으로, 그리고 그 말씀 안에서 여전히 구원의 비밀을 그분의 몸된 교회에 말씀하십니다. 예수님은 하나님의 말씀인 성경을 읽을 때, 그리고 하나님의 말씀인 복음이 강단에서 선포될 때 성령의 내적 조명을 통해 신자들의 마음 가운데 말씀하십니다. 이에 대해 칼뱅은 다음과 같이 설명합니다.

◎ **제네바교리문답**

44문: 그리스도의 선지자직은 우리에게 무슨 유익이 있습니까?

답: 이 직분이 주 예수님께 주어진 것은 그분이 당신의 백성들의 주(主)와 교사가 되기 위해서입니다. 그 목적은 <u>아버지와 아버지의 진리에 대한 참된 지식을 우리에게 가르쳐 주심으로써 우리로 하여금 하나님 집의 학생들이 되게 하시려는 것</u>입니다.

예수님은 영원하신 참 선지자로서 오늘날에도 하나님의 말씀을 그분의 몸인 교회에 전달하고 가르치실 뿐만 아니라, 친히 말씀 자체가 되십니다. 부활 승천하신 이후로 지금까지 그분은 말씀하시는 말씀이 되시며, 당신의 성령을 통해 우리를 모든 진리 가운데로 이끄시고 하늘의 지혜와 지식의 부요함 가운데로 인도하십니다. 또한 이어지는 믿음의 선배들의 해설을 살펴봅시다.

그리스도께서는 그분이 값 주고 사서 구속하신 모든 사람에게 그 구속함을 확실하고 효과적으로 적용하시고 전달하십니다. 그들을 위해 간구하시고, 말씀 안에서 그리고 말씀으로 말미암아 구원의 비밀을 계시하십니다. 그분의 성령으로 말미암아 그들을 효과적으로 설득하셔서 그들이 믿고 순종하게 하시고, 그분의 말씀과 성령으로 그들의 마음을 다스리십니다. 그분의 경이롭고 측량할 수 없는 섭리에 지극히 합당한 방식과 방법 안에서 그분의 전능한 권세와 지혜로 말미암아 그들의 모든 원수를 정복하십니다(웨스트민스터 신앙고백서 제8장 8항).

◎ **웨스트민스터 대요리문답**
43문. 그리스도께서는 선지자의 직분을 어떻게 행하십니까?

답. 그리스도께서는 <u>자신의 교회를 교화하고 구원하시는 모든 일에 대한 하나님의 모든 뜻</u>을, 자신의 성령과 말씀으로 <u>모든 시대의 교회들에게</u> 여러 부분과 여러 모양으로 나타내심으로써 선지자의 직분을 행하십니다.

선지자 예수님의 그리스도 직분은 지금도 계속되고 있어서 모든 시대의 교회들에게 말씀 안에서, 그리고 말씀으로 말미암은 구원의 비밀을 오늘날에도 우리에게 보이신다고 설명합니다. 뿐만 아니라 성령이 우리를 말씀 안에서 효과적으로 설득하시고, 우리가 그 말씀을 믿음으로 받아들이고 순종할 수 있도록 하신다고 설명합니다. 다시 말해 완악하고 연약한 죄인들을 위해, 쉽게 넘어지고 다른 길로 빠지기 쉬운 양과 같은 죄인들을 위해, 특별히 그들의 구원을 위해, 하나님의 독생하신 아들께서 친히 말씀하신다는 것입니다. 계속해서 지도하신다는 것입니다. 영원토록 말씀 가운데 인도하신다는 것입니다. 여러분, 이 사실이 얼마나 우리에게 큰 위로와 은혜가 됩니까?

지금 이 작고 작은 한국 땅에서만 자칭 하나님이 20명, 재림 예수만 50명이 넘는다고 합니다.[12] 이것도 몇 년 전 자료이니 지금은 더 많은 이단들이 생겨났을 것입니다. 어쩌면 이런 현실은 죄성으로 기울어진 인간의 나약함이 얼마나 심각한지를 보여줍니다. 그렇습니다. 죄악 가운데 부패한 인간은 그 본성상 한치 앞도 볼 수 없는 양과 같습니다. 바로 앞에 낭떠러지가 있어도 그것을 보지 못하고 달려가는 것이 우리의 습성입니다. 자기 힘으로는 갈 바를 알지 못하고, 어디가 바른 길인지, 도대체 진리가 무엇인지, 영원한 생명을 얻으려면 누구에게 나아가야 하는지를 알지 못합니다(요 14:6).

그렇기 때문에 우리에게 탁월한 성경교사가 필요합니다. 하나님에 대해 가장 잘 가르쳐주실 선지자가 필요합니다. 그것을 위해 하나님 자신이자 하나님의 독생하신 아들께서 우리에게 오셨습니다. 그분은 영원 전부터 계시는 생명의 말씀(요일 1:1)이시며, 아버지와 함께 계시다가 우리에게 나타나신 바 된 예수 그리스도이십니다(요일 1:2). 부패한 죄인들의 형편을 너무나 잘 아시는 말씀이신 예수님은 친히 육신이 되어 이 땅에 내려오셨고(요 1:14), 자기 백성 가운데 거하시며 하나님의 말씀을 가장 탁월하게 풀어 설명하셨습니다. 부활 승천하신 이후로 오늘날까지, 그리고 앞으로도 영원히 예수님은 죽기까지 사랑하신 자기의 백성들을 위해, 말씀이신 자신과 자신의 성령을 통해 말씀하실 것입니다.

6. 당신에게 예수님은 그리스도입니까?

기독교에서 가장 많이 언급되는 단어를 꼽으라면 아마도 '그리스도'일 것입니다. 그 이름에서도 알 수 있듯, 기독교(基督教)의 '기독'도 그리스도를 한자로 음역한 표현입니다. 뿐만 아니라 우리의 말씀과 찬양과 기도 생활 어느 것에서도 빠지지 않는 단어가 바로 '그리스도'입니다. 그만큼 '그리스도'는 우리에게 가장 소중한 분이기 때문입니다.

우리는 예배 때마다 우리의 주(主) 되시는 예수 그리스도를 고백합니다. 그런데 정작 우리의 삶을 돌아보면, 우리가 예수님을 그리스도로 고백한 것이 맞는지 고민하게 됩니다. 고백이란 단순히 그분의 이름을 부르는 행위가 아닙니다. 예수님이 그리스도시라는 우리 내면으로부터의 인정과 확신이 입술의 고백에 동반되어야 합니다. 진정 우리는 그리스도이신 예수님이 지금도 왕과 제사장과 선지자의 직분을 수행하고 계심을 확신하며 살고 있습니까? 그리고 그 직분으로 인한 은혜가 우리의 삶 가운데 풍성하다는 사실을 인지하며 살고 있습니까? 하늘 보좌에 앉으신 그분이 나의 그리스도가 되신다는 사실이 오늘도 내 안에서 감사와 기쁨과 담대함을 낳고 있습니까? 뿐만 아니라 이 믿음의 확신이 우리의 삶에 영향력으로 작용하고 있습니까?

만약 그리스도의 삼중직이 단지 2천 년 전 팔레스타인 지역에 살던 유대인만을 위한 것이었고, 십자가에서 완료된 특정 시대의 유산이라면, 오늘을 살아가는 우리에게는 큰 의미가 없을 것입니다. 그리스도도 당시 유대인의 그리스도일 뿐 오늘 우리의 그리스도는 아닐 것입니다. 그러나 그리스도의 삼중직이 예수님이 낮아지신 상태에서 과거에 이루신 사역이자 동시에 지금도 높아지신 상태에서 변함없이 수행하고 계시는 사역이라면, 그리스도의 삼중직은 다른 누구의 이야기가 아니라 바로 저와 여러분의 고백이 되어야 합니다. 그리고 저와 여러분 다음에 일어나게 될 신앙의 후배들에게도 매우 결정적인 고백이 될 수밖에 없습니다. 예수님은 과거와 지금, 그리고 앞으로도 영원히 자신의 몸된 교회를 위해 이 직분을 수행하실 것이기 때문입니다. 아래의 해설을 읽어봅시다.

◎ **웨스트민스터 대요리문답**

42문. 왜 우리 중보자께서 그리스도라고 불립니까?

답. 우리 중보자께서 성령으로 측량할 수 없는 기름부음을 받으셨기 때문에 그리스도라 불립니다. 또한 구별되어 자신의 낮아지심과 높아지심의 상태에서 자신의 교회의 선지자와 제사장과 왕의 직무를 수행할 수 있도록 모든 권세와 능력 가운데 완전히 구비되었기 때문입니다.

구약의 어떤 기름부음보다 탁월한 성령의 기름부으심을 받으신 예수님은 자신의 교회의 그리스도로서 그 직분을 수행하기 위한 모든 권세와 능력을 받으셨습니다. 예수님은 2천 년 전 팔레스타인 지역에서 그러셨듯, 지금 이 순간에는 하늘 보좌 우편에서 변함없이 그리스도의 직무를 수행하고 계십니다. 바로 그분의 몸을 이루는 교회를 위해서 말이죠. 오늘 우리가 예수님을 그리스도로 고백하는 것에는 바로 이러한 의미가 담겨 있습니다. 이 의미를 따라 그리스도에 대한 우리 믿음의 고백을 되짚어봅시다.

당신에게 예수님은 진정 왕입니까?

그리스도이신 예수님은 지금 이 순간에도 하늘 보좌에 좌정하셔서 왕으로서 온 우주를 다스리고 계십니다. 그러므로 그분의 통치는 영원하며 그분의 나라도 영원할 것입니다. 아래의 성경 말씀을 읽어봅시다.

> 주의 나라는 영원한 나라이니 주의 통치는 대대에 이르리이다(시 145:13).

> 시온아 여호와는 영원히 다스리시고 네 하나님은 대대로 통치하시리로다 할렐루야(시 146:10).

그리스도이신 예수님은 왕으로서 예나 지금이나 앞으로도 영원히 무한한 권세와 능력으로 다스리십니다. 특별히 자기 피값으로 사신 바 된 교회를 영원히 지키고 돌보십니다.

그런데 이상합니다. 그분이 우리를 다스리실 뿐만 아니라 지키며 돌보시는 왕이라고 고백하는데 우리는 여전히 불안합니다. 염려와 근심으로 가득합니다. 나를 더 안전하게 붙들어줄 만한 다른 무언가를 찾아 헤맵니다. 예수님을 믿는 삶이 이렇게 쉽게 흔들릴 수 있을까요? 잠시 이는 바람에도 이토록 요동칠 수 있을까요? 이럴 때 우리에게 필요한 것이 바로 왕이신 예수 그리스도에 대한 믿음의 확신입니다. '왕이신 예수님'이란 고백이 담고 있는 의미를 구체적으로 생각해 봅시다.

예수님은 지금도 왕으로 다스리십니다

가장 우선적인 확신은 예수님이 지금도 왕으로서 다스리신다는 것입니다. 벨직신앙고백서는 우리 주님이 "영원하시고 다 이해될 수 없으시며, 보이지 않으시고, 변하지 않으시며, 무한하시고, 전능하시며, 완전히 지혜로우시고, 공의로우시며, 선하시고, 모든 선이 흘러나오는 원천이 되신다(벨직신앙고백서 1항)"고 설명합니다. 세상에서도 위정자의 자질에 따라 국민이 평안을 누리기도 하고 피폐해지기도 합니다. 그런데 교회를 다스리시는 분이 전능하시며 모든 선한 것의 원천이 되신다면, 그 통치를 받는 자의 삶이 얼마나 복되겠습니까?

물론 이 땅에서 살아가는 신자들이 늘 평안하며 만족을 경험하는 것은 아닙니다. 사방에서 우겨쌈을 당하는 것 같은 답답한 지경에 내몰릴 때가 있습니다. 한치 앞도 보이지 않는 캄캄한 어둠을 만날 때도 있습니다. 그런 상황에서 왕으로서 온 우주만물을 다스리시는 예수님을 신뢰하는 믿음이 우리에게 주는 유익이 분명히 있습니다. 종교개혁자 칼뱅의 설명을 읽어봅시다.

> 그리고 나는 전에 말한 것을 잊지 않았으며, 경험에 의해 자주 상기하게 되는데, 곧 믿음이 여러 가지 의심에 시달려 신자의 마음은 평안한 때가 거의 없으며, 적어도 항상 평화로운 상태를 누리지는 못한다는 것이다. 그러나 어떤 무기에 의한 공격이 신자의 마음을 흔들지라도 그들은 시험의 골짜기에서 일어서며 망대 위에 굳게 설 것이다. 참으로 우리가 말씀을 굳게 잡고 있으면, <u>이 확신만이 믿음을 키워주며 보호한다</u>. 시편의 말씀은 "하나님은 우리의 피난처시요 힘이시니 환난 중에 만날 큰 도움이시라 그러므로 땅이 변하든지 산이 흔들려 바다 가운데에 빠지든지 바닷물이 솟아나고 뛰놀든지 그것이 넘침으로 산이 흔들릴지라도 우리는 두려워하지 아니하리로다"(시 46:1-3)라고 하고, 다른 시편은 이로 말미암은 놀라운 평안을 노래부른다. "내가 누워 자고 깨었으니 여호와께서 나를 붙드심이로다"(시 3:5). 다윗이 항상 평안하며 복된 삶을 영위했다는 것이 아니다. 그러나 그는 자기의 믿음

에 따라 하나님의 은혜를 맛보았고, 믿음이 허락하는 범위에서는 마음의 평화를 깨뜨릴 만한 모든 것을 두려워하지 않으며 도리어 경멸한다고 장담했던 것이다(기독교강요 3권 2장 37항).

인생의 여러 문제 가운데 불안하고 염려로 가득할 때, 우리를 돌보시는 분이 살아계심을 다시금 확신하기 바랍니다. 그분은 변함없이 우리의 피난처가 되시고 환난 중에 큰 도움이 되시는 우리 주 예수 그리스도이십니다. 무엇보다 그분은 가장 선하시며 모든 선의 원천이 되십니다. 그 선하신 주님이 자신의 무한하고 영원하며 전능하신 능력으로 원수들에게 에워싸인 교회를 지키고 돌보십니다. 교회의 지체인 우리를 돌보시는 건 당연합니다. 지금 당장 어려운 일을 만나고 환난을 마주하며, 심지어 사망의 음침한 골짜기를 다닌다 할지라도, 우리의 전능하신 왕은 이 모든 일을 합력하여 선으로 바꿀 있는 분임을 믿으시길 바랍니다. 이를 깨닫는다면 우리는 다음과 같이 담대히 외칠 수 있을 것입니다.

해 뜨는 데부터 해 지는 데까지
그분의 나라는 펼쳐지리라
달이 차고 기울 때까지

그분의 통치는 계속되리라

그분께는 끝없는 기도가 드려지고

찬양들이 그분의 머리를 장식하리라

그분의 이름은 향기처럼 퍼져나가

아침마다 제사와 함께 오르리라

모든 피조물이 일어나

우리 왕께 특별한 영광을 돌리리라

천사들이 다시 노래하며 내려오고

땅은 큰 아멘을 외치리라[13]

예수님은 직분자를 통해 교회를 다스리십니다

왕이신 예수 그리스도는 오늘날 천상에서 교회를 다스리시되 특별히 교회의 직분자들을 통해 다스리십니다. 구약의 왕과 제사장과 선지자 직분이 그리스도의 모형으로서 오실 그리스도를 비춰주었던 것처럼, 신약의 모든 직분도 그리스도를 가리키며 그리스도께서는 모든 직분의 원형이 되십니다. 특별히 성경은 교회 안에 세워진 직분이 승천하신 그리스도께서 지상의 교회에 주신 선물이라고 말씀합니다(엡 4:7-12). 교회의 직분은 그리스도께 기원을 두고 있고, 그리스도께서 제정하신 것이며, 그리스도께서 선물로 주신 것입니다.

종교개혁자 칼뱅은 교회의 직분을 목사와 장로와 집사 이렇게 세 가지로 구분합니다(기독교강요 4권 4장 1항). 벨직신앙고백서 30조에서도 교회에 세 직분이 있으며 목사와 장로와 집사로 구분된다고 설명합니다.

다시 말해, 오늘을 살아가는 저와 여러분은 교회의 직분자들을 통해 왕으로 다스리시는 그리스도를 경험할 수 있습니다. 우리는 교회의 직분자인 목사로부터 말씀을 통한 위로와 양육을 받고, 장로로부터 목양과 돌봄을 받으며, 집사를 통해서는 실질적인 도움을 받을 수 있습니다.

성경은 그리스도께서 교회에 직분을 선물로 주셨다고 말씀합니다. 과연 우리는 직분자들을 그리스도께서 우리에게 주신 선물로 알고 인정하고 있습니까? 이 사실을 기억하며 우리의 교회 생활을 돌아봅시다. 우리는 그리스도께서 세우신 직분자들을 통한 영적 목양을 받고 있습니까? 그리스도께서 세우신 말씀 봉사자인 목사를 통해 복음의 말씀을 듣고 있습니까? 살아있고 힘이 있어 좌우에 날선 어떤 검보다도 예리하여 우리의 마음 깊은 곳을 찌르고 우리 안에 숨겨진 모든 것을 드러나게 하는 하나님의 말씀을 목사를 통해 듣고 있습니까? 영적인 위기와 원수들의 위협 가운데 우리는 말씀을 통해 지금도 자기 백성을 지키시고 돌보시는 왕이신 예수님을 경험하고 있습니까? 과연 우리는 그리스도께서 세우신 직분자인 장로를 통해서도 왕이신 주님의 다스리심을 경험하고 있습니까? 과연 우리는 왕이신 주께서 세우신 권위와 질서를 인정함으로 집사의 직분을 존중하고 있습니까? 우리는 전지전능하신 주님의 왕적 돌보심 아래 참된 만족과 평안을 누리고 있습니까? 우리는 교회에 세우신 직분자들을 통해 여전히 교회를 다스리시는 그리스도를 경험하고 있습니까?

당신에게 예수님은 정말 제사장입니까?

그리스도이신 예수님은 구약의 이스라엘과 초대 교회 성도들뿐만 아니라, 지금도 그분을 그리스도로 고백하는 모든 성도와 교회를 위한 제사장이 되십니다. 이후로도 영원히 예수님은 자신의 흘리신 피를 증거로 하나님과 우리 사이의 화평을 이루시고, 사탄의 끊임없는 참소에도 우리를 포기하지 않고 변호하시며, 말할 수 없는 탄식으로 우리를 위해 중보하시는 대제사장이 되십니다.

성경은 인생의 희노애락을 모두 경험하시고, 우리의 모든 생각과 계획을 아시는 분께서 우리의 대제사장이 되신다고 말씀합니다. 그분은 하늘 보좌 우편에서 영원토록 교회의 중보자가 되시며, 택하신 백성들을 위해 친히 기도하신다고 말씀합니다.

그런데 우리의 반응은 다소 이상합니다. 갈팡질팡합니다. 우리는 그리스도만으로 충분한데, 그것으로 충분치 않다는 듯 다른 뭔가를 찾으려 합니다. 그리스도께서 단번에 자신을 드려 하나님께 나아갈 길을 여셨다는데, 자꾸만 불안해 하며 다른 방도를 모색하려 합니다. 그리스도의 중보를 통해 우리가 하나님과 직접 교제할 자격을 얻었는데, 그 중보자이신 예수님만 믿어도 되는지 의심하려 합니다. 이럴 때 우리에게 필요한 것이 바로 제사장이신 예수 그리스도에 대한 확신있는 믿음입니다.

예수님은 지금도 제사장으로 섬기십니다

그리스도는 지금 이 순간에도 하늘 성전에서 제사장의 직분을 수행하고 계십니다. 예수님은 멜기세덱의 반차를 따르는 영원한 대제사장으로서 우리를 대신해 십자가에서 자신을 온전히 드리시고, 우리의 죄를 씻기 위해 보배로운 피를 흘리사 하나님의 공의를 완전히 만족시키셨습니다. 이 모든 대속의 고난을 바로 우리를 위해 견디고 감당하셨습니다. 이러한 제사장 사역은 단지 2천 년 전에 완성된 것으로 끝나지 않고 우리의 영원한 중보자로서 지금도 여전히 계속되고 있습니다. 피흘리심과 속죄는 2천 년 전 단번에 일어난 사건이지만 그 효력은 그때뿐 아니라 또한 지금도 매일 매순간마다 우리에게 적용되고 있습니다.

우리는 여전히 완악하고 죄성을 감당하지 못하지만, 우리의 그런 형편에도 불구하고 주님은 무조건적 은혜로 대제사장으로서 흘리신 피의 효력을 우리에게 적용하시며, 사탄의 빗발 같은 참소에도 개의치 않고 완벽하게 우리를 변호하십니다. 자신이 흘린 피로 우리 죄의 값을 다 지불하셨다고 선언하십니다. 뿐만 아니라 하루에도 열두 번씩 죄로 넘어지는 우리임에도 불구하고 하나님 아버지와 우리 사이의 관계가 이미 화목케 되었음을 확신하게 하시며, 무엇보다 주께서 우리를 위해 친히 간구하신다고 성경은 말씀합니다.

이 사실을 확신하는 자들은 늘 우리를 위해 제사장 직분을 쉬지 않으시는 예수 그리스도를 의지하며 담대히 찬양할 수 있습니다.

하늘의 하나님 보좌 앞에서
날 위해 강력하고 완전하게 변호하는 분 있네

그의 이름이 사랑인 위대한 대제사장

늘 살아 계시며 날 위해 변호하시네

나의 이름 그분 손에 새겨져 있고

그분 마음에 기록되어 있네

나는 아네 그분이 하늘에 서 계시는 동안

그 누구도 거기서 나를 내쫓을 수 없다는 것[14]

예수님은 직분자를 통해 교회를 돌보십니다

대제사장이신 예수 그리스도는 오늘날 그리스도의 몸된 교회에 직분자들을 세우시고, 그들을 통해 제사장적 사명을 감당하게 하십니다. 그리스도가 교회에 선물로 주신 직분자들을 통해서도 실제적으로 그분이 제사장의 사역을 수행하신다는 것입니다. 목사들을 통해서는 하나님을 찾고 간구하는 자들을 말씀으로 이끌고, 장로들을 통해서는 연약함으로 넘어지고 실패한 자들을 다시 일어서도록 권면하며, 집사들을 통해서는 궁핍하고 어려움 가운데 있는 자들을 구제함으로써 우리 주님의 권능과 인도와 부요함을 누리게 하십니다.

이런 사역들이 우리의 교회 생활 가운데 제대로 구현되고 있는지 돌아볼 필요가 있습니다. 오늘 우리는 주님이 세우신 직분자들을 통해 영적 목양을 받고 있습니까? 우리에게 목사란 어떤 직분자입니까? 우리의 영적 상태를 진단하고 말씀으로 교훈과 바른 권면을 주도록 신뢰할 만한 존재입니까? 아니면 잔소리를 들을 것이 뻔해 속내를 터놓을 수 없는 존재입니까? 우리에게 장로란 어떤 직분자입니까? 자기 교회의 장로가 누구인지조차 알지 못할 정도로 나와는 상관없는 존재입니까? 교회를 살피고 성도들의 영적 형편을 돌아보는 자들인데, 정작 우리는 교회에서 장로의 따스한 돌봄과 지도를 받고 있습니까? 집사는 구제와 봉사를 통해 섬기는 직분인데, 과연 우리는 교회에서 그와 같은 도움을 받고 있습니까?

당신에게 예수님은 진정 선지자입니까?

그리스도이신 예수님은 구약의 이스라엘과 초대 교회 성도들뿐만 아니라, 지금도 그분을 그리스도로 고백하는 모든 성도와 교회를 위한 참 선지자가 되십니다. 또한 앞으로도 영원히 예수님은 하나님을 온전히 드러내시고, 하나님의 말씀의 의미를 우리에게 가르치시며, 하나님의 말씀을 우리 가운데 내려주실 참 선지자가 되십니다. 아래의 말씀을 읽어봅시다.

할렐루야 우리 하나님을 찬양하는 일이 선함이여 찬송하는 일이 아름답고 마땅하도다 여호와께서 예루살렘을 세우시며 이스라엘의 흩어진 자들을 모으시며 상심한 자들을 고치시며 그들의 상처를 싸매시는도다 …(중략)… 예루살렘아 여호와를 찬송할지어다 시온아 네 하나님을 찬양할지어다 그가 네 문빗장을 견고히 하시고 네 가운데에 있는 너의 자녀들에게 복을 주셨으며 네 경내를 평안하게 하시고 아름다운 밀로 너를 배불리시며 <u>그의 명령을 땅에 보내시니 그의 말씀이 속히 달리는도다</u> 눈을 양털 같이 내리시며 서리를 재 같이 흩으시며 우박을 떡 부스러기 같이 뿌리시나니 누가 능히 그의 추위를 감당하리요 <u>그의 말씀을 보내사 그것들을 녹이시고 바람을 불게 하신즉 물이 흐르는도다 그가 그의 말씀을 야곱에게 보이시며 그의 율례와 규례를 이스라엘에게 보이시는도다 그는 어느 민족에게도 이와 같이 행하지 아니하셨나니 그들은 그의 법도를 알지 못하였도다</u> 할렐루야(시 147:1-20).

시편 기자는 '말씀'을 의인화하면서 하늘의 위대하신 하나님이 그분의 말씀을 통해 여전히 자기 백성을 다스리신다는 것을 표현하고 있습니다. 전능하신 하나님이 그분의 말씀을 보내사 그분의 율례와 규례를 가르치시며 그분의 법도를 교훈하신다는 것입니다.

하나님의 말씀이신 그리스도(요 1:1)는 그분의 말씀과 그 말씀에 대한 순종의 모범을 통해 우리를 가르치십니다. 그분은 우리의 큰 선지자와 선생으로서 우리의 구원을 위한 하나님의 감추인 경영과 뜻[15]을, 자신의 말씀과 성령으로 우리에게 계시하십니다.[16] 특별히 주님은 부활 승천하신 이후에도 이 직분을 수행하시는데, 외적으로는 하나님의 말씀인 성경과 그 말씀의 선포인 설교를 통해 이 일을 감당하시고, 내적으로는 성령의 조명하심을 통해 성도들이 하나님의 말씀을 깨닫게 하십니다. 다시 말해, 우리에게 주어진 하나님의 말씀인 성경과 세우신 목사를 통해 그 말씀을 듣게 하시고, 우리 안에 거하시는 성령이 그 말씀을 깨닫게 하시는 것을 통해 예수님은 여전히 선지자의 직분을 수행하고 계신다는 말입니다.

여기서 특별히 강조하고 싶은 부분은 하나님의 말씀의 선포인 설교입니다. 하나님은 교회에 선물로 주신 직분, 특별히 목사를 통해 자기 백성에게 말씀하십니다. 우리 믿음의 선배들은 하나님이 은혜를 주시는 외적 방편 중 하나가 바로 말씀이라고 설명했습니다. 아래의 해설을 읽어봅시다.

◎ **웨스트민스터 소요리문답**

88문. 그리스도께서 우리에게 구속의 유익을 전달하기 위해 마련하신 외적 수단이 무엇입니까?

답. 그리스도께서 우리에게 구속의 유익을 전달하기 위해 마련하신 외적 수단은 그분의 규례인데, 특별히 말씀과 성례와 기도입니다. 이 수단은 모두 선택된 자의 구원을 위해 효과를 나타냅니다.

◎ **하이델베르크요리문답**

65문. 오직 믿음으로 그리스도와 그리스도의 모든 유익에 참여할 수 있는데, 이 믿음은 어디에서 비롯된 것입니까?

답. 성령이 <u>거룩한 복음의 설교</u>를 통해 우리 마음에 믿음을 일으키시고, 거룩한 성례의 시행을 통해 믿음을 굳건하게 하십니다.

우리 믿음의 선배들은 설교, 특별히 복음 설교가 보편적인 은혜의 수단이라고 설명합니다. 교회의 직분이 그리스도께서 마련하신 교회를 위한 선물임을 기억한다면 목사를 통해 교회에 선포되는 복음의 설교는 택하신 백성들을 향해 말씀하시는 하나님의 말씀이 됩니다. 천상에 계시는 그리스도께서 세우신 목사를 통해 변함없이 자기 백성에게 말씀하시고, 그 말씀을 통해 은혜를 부어주시기 때문입니다. 이런 의미에서 목사는 말씀 봉사자입니다. 목사는 예배시 설교를 통해 그리스도의 입이 됩니다.[17] 목사의 자질이나 자격에 대한 논의보다 더 우선적이고 중요한 것은 목사의 직분이 하나님의 말씀을 대언하는 대사(ambassador) 또는 청지기(steward)라는 사실입니다.[18]

따라서 예배시 설교는 하나님의 말씀이 자기 백성에게 선포되는 시간이자 그리스도께서 말씀하시는 시간입니다. 그 시간에 우리는 목사를 통해 자기 백성에게 말씀하시는 하나님을 경험하고, 그 말씀을 통해 죄를 깨닫고, 구원자 그리스도를 바라보며, 장차 이 땅에 오셔서 영원한 하나님 도성으로 이끄실 영광의 순간을 소망할 수 있어야 합니다.

이 사실을 기억하며 우리의 예배 생활을 돌아봅시다. 과연 우리는 예배 가운데 좌정하셔서 말씀하시는 그리스도를 경험하고 있습니까? 하나님을 향한 경외심을 안고 설교를 경청하고 있습니까? 세우신 목사를 통해 우리에게 말씀하시는 하나님을 만나고 있습니까? 우리가 출석하는 교회에서 하나님의 말씀이 강설(講說)되고 있다면 그것은 택하신 백성들을 향해 말씀하시는 선지자 그리스도의 말씀임을 믿으시기 바랍니다. 주님은 오늘도 말씀하십니다. 하나님의 말씀인 성경으로, 세우신 말씀 봉사자의 설교로 말입니다.

예수님의 그리스도 되심을 기억하며 다시 한번 우리의 믿음을 점검해 봅시다. 당신에게 예수님은 정말 그리스도이십니까? 살아계신 하나님의 아들 예수님은 먼 과거뿐만 아니라 지금 이 순간에도, 그리고 앞으로도 영원히 교회의 그리스도가 되십니다. 그분은 성령으로 탁월한 기름부음을 받으셨고, 모든 권세와 능력을 충만히 받으신, 하나님이 창세전부터 예비하신 메시아, 참 그리스도이십니다. 우리 선배들의 고백을 읽고, 그 고백이 오늘 저와 여러분의 고백이 되기를 간절히 소망합니다.

◎ **하이델베르크 요리문답**

31문. 왜 그분은 그리스도, 즉 기름부음 받은 자라 불립니까?

답. 그것은 그분이 (다음과 같이 되도록) 성부 하나님에 의해 정해지셨고 성령으로 기름부음 받으셨기 때문입니다. 즉 그분은 구원과 관련하여 우리에게 하나님의 숨겨진 목적과 뜻을 충만하게 계시하시는 우리의 최상의 선지자와 교사가84) 되시는 것입니다. 또한 자신의 몸을 유일한 제물로 삼아 우리를 구원하시고 자신의 중보기도를 통해 우리가 지속적으로 성부께 나아가도록 하시는 우리의 유일한 대제사장이 되시는 것입니다. 그리고 또한 자신의 말씀과 자신의 영으로 우리를 다스리시고 자신이 획득하신 구원으로 우리를 보호하고 보존하시는 우리의 영원한 왕이 되시는 것입니다.

• 미주 •

1. https://www.joongang.co.kr/article/25164600

2. 안재경 『직분자반』 (서울: 세움북스, 2020) 92쪽

3. 우병훈 『교회를 아는 지식』 (서울: 복있는 사람, 2022) 96쪽

4. 한글 번역은 '기묘자라, 모사라'처럼 서로 분리된 것 같지만 원문은 '기묘한 모사' 혹은 '모사의 기묘함'처럼 하나로 붙어 있음.

5. 칼뱅의 기독교강요 2권 15장 3항

6. 조엘 비키 『칼빈주의』 (서울: 지평서원, 2010) 259쪽

7. 안재경 『직분자반』 (서울: 세움북스, 2020) 101쪽

8. 기독교강요 2권 16장 요약

9. 기독교강요 2권 16장 요약

10. 황원하 『하이델베르크요리문답 해설』 (경기: 교회와성경, 2015) 53쪽

11. https://blog.naver.com/PostView.naver?blogId=gne_education&logNo=221634146802&noTrackingCode=true

12. https://www.hani.co.kr/arti/society/society_general/931428.html

13. Watts, Isaac(1674-1748) Jesus shall reign, 새찬송가 138장 '햇빛을 받는 곳마다'에 번역되어 있음.

14. 'Before The Throne Of God Above'라는 제목의 CCM, 한국에서는 예수전도단이 '주님의 보좌 앞에서'라는 곡으로 번안했음.

15. 하이델베르크요리문답 31문답

16. 웨스트민스터 소요리문답 24문답

17. 안재경 『직분자반』 (서울: 세움북스, 2020) 164쪽

18. 신호섭 『교회다운 교회』 (경기: 도서출판 다함, 2021) 148쪽

참고문헌

웨스트민스터 신앙고백서 및 대소요리문답

하이델베르크요리문답

기독교강요 및 제네바교리문답

황원하 『하이델베르크요리문답 해설』 (경기: 교회와성경, 2015)

신호섭 『개혁주의 신앙 고백의 하모니』 (서울: 죠이북스, 2023)

신호섭 『교회다운 교회』 (경기: 도서출판 다함, 2021)

신호섭 『벨직신앙고백서 강해』 (서울: 좋은씨앗, 2019)

안재경 『직분자반』 (서울: 세움북스, 2020)

우병훈 『교회를 아는 지식』 (서울: 복있는사람, 2022)

조엘 비키 『칼빈주의』 (서울: 지평서원, 2010)

• 그리스도의 삼중직에 관한 추천 도서 •

그리스도의 삼중직을 핵심으로 다룬 책은 아직 출간된 적이 없습니다. 다만 이와 관련해 참고할 만한 책을 소개하자면 다음과 같습니다.

안재경 『직분자반』 (서울: 세움북스, 2020)
저자는 직분이란 무엇이며, 그 직분이 하나님 나라와 교회, 특별히 예배와 어떻게 어우러지는지를 설명합니다. 무엇보다 직분의 기원이 그리스도께 있고, 그것이 구약과 신약에서 어떻게 이어지는지를 설명합니다. 또한 오늘날 직분을 어떻게 세울 수 있고, 어떻게 교육해야 하는지에 대한 실제적인 적용점을 전달하고 있습니다.

우병훈 『교회를 아는 지식』 (서울: 복있는 사람, 2022)

저자는 총 다섯 장에 걸친 교회론 중 네 장의 분량을 할애해 직분에 대해 설명합니다. 그 중에서도 2장은 직분이 그리스도의 삼중직과 연결되어 있음을 강조하고, 우리가 그리스도인으로서 받은 직분을 어떻게 적용하며 살아갈 수 있을지를 심도 있게 다룹니다.

신호섭 『교회다운 교회』 (경기: 도서출판 다함, 2021)

개인적으로는 몇 번이고 읽으며 필자의 교회론에 많은 영향을 준 책입니다. 저자는 총 4부에 걸친 교회론 가운데 큰 지면을 할애해 직분에 대해 설명합니다. 그만큼 교회론과 직분론은 긴밀하게 연결되기 때문입니다. 그리스도의 삼중직에 대한 직접적인 언급은 없지만 그럼에도 이 모든 내용이 잘 녹아 있는 교과서 같은 책이라고 할 수 있겠습니다.